Rituale für Anfänger

Grundlagen, Anwendungen, Elemente und Beispiele

Kontakt: www.HarryEilenstein.de / Harry.Eilenstein@web.de

Impressum: Copyright: 2011 by Harry Eilenstein – Alle Rechte, insbesondere auch das der Übersetzung, vorbehalten. Kein Teil des Buches darf ohne schriftliche Genehmigung des Autors und des Verlages (nicht als Fotokopie, Mikrofilm, auf elektronischen Datenträgern oder im Internet) reproduziert, übersetzt, gespeichert oder verbreitet werden.

Herstellung und Verlag: BoD - Books on Demand, Norderstedt

ISBN: 9783750468672

Inhaltsverzeichnis

I Was ist ein Ritual?

Von seiner Form her ist ein Ritual eine in ihrem Ablauf festgelegte Handlung. Diese weitgefaßte Definition umfaßt auch das abendliche Zu-Bett-bringen der eigenen Kinder, das immer nach demselben Schema abläuft, damit es sowohl für die Eltern als auch für die Kinder leichter wird. Auch der Ablauf einer Bundestagswahl ist in diesem Sinne ein Ritual.

Rituale lassen sich jedoch auch von ihrem Thema her eingrenzen. In diesem Buch geht es um Rituale, die in der Magie benutzt werden – wobei in Bezug auf Rituale der Übergang von der Magie zur Meditation fließend ist. So benutzen z.B. beide bestimmte traditionelle „Macht-Worte", die eine magische Wirkung haben: Zauber-formeln in der Magie und Mantren in der Meditation.

Inhaltlich ist ein Magie-Ritual eine Handlung, die man durchführt, um eine magi-sche Wirkung zu erzielen. Da Magie das Bewirken einer materiellen Veränderung ist, die direkt durch das Bewußtsein verursacht wird, ist es offenbar nicht die rituelle Handlung selber, die die magische Wirkung hervorruft. Die magische Handlung, also das Ritual, ist folglich eine Konzentrations- und Imaginationshilfe für den Magier.

Diese Deutung wird auch dadurch bestätigt, daß sich Rituale im Laufe der Zeit verändern und erfahrene Magier immer weniger Rituale benutzen und die für die Magie benötigten Worte, Gesten und Handlungen immer weniger werden – der erfah-rene Magier braucht diese Hilfsmittel nicht mehr so sehr. Das bedeutet nicht, daß Rituale überflüssig sind – mit zunehmender Erfahrung braucht man dieses Werkzeug lediglich seltener.

Die bisherige Definition eines „Magie-Rituals" ermöglicht es auch, diese Form des Rituals von ähnlichen „standardisierten Handlungen" abzugrenzen. So besteht z.B. der Kult aus einer größeren Anzahl von Ritualen, die alle in bestimmte Zusammen-hänge gehören wie Aussaat, Visionssuche, Hochzeit, Bestattung, Häuptlingswahl, Tempelweihung usw.

Innerhalb eines Kultes ist es möglich, daß dem einzelnen Ritual auch eine magische Wirkung zugeschrieben wird bzw. daß es wegen einer erhofften magischen Wirkung durchgeführt wird, aber das ist nicht der wesentlichen Punkt. Der Kult dient in erster Linie der Aufrechterhaltung der richtigen Ordnung.

Ein anderer Begriff, der Ähnlichkeit mit „Ritual" hat, ist „Zeremonie". Auch sie bezeichnet einen traditionellen, geregelten Ablauf einer Handlung. „Zeremonie" hat jedoch einen prunkvolleren Klang als „Ritual" und die Assoziation zur Magie ist nicht so ausgeprägt. Zeremonien gehören eher zum Kult – Rituale eher zur Magie. Das ist jedoch keine scharfe Definition, sondern eher ein unterschiedlicher Schwerpunkt.

Da ein Ritual eine „formal durchgeplante und in der Regel oft wiederholte Hand-lung" ist, würde auch das Schauspiel ein Ritual sein. Die ersten Schauspiele in

Griechenland sind auch tatsächlich aus den Mysterienspielen entstanden, also aus Ritualen, die Geschichten aus dem Leben der Götter dargestellt haben. Von ihnen wurde auch eine reinigende Wirkung auf die Zuschauer erwartet. Sie waren als Anregung zur Selbstbesinnung und Selbstfindung gedacht. Das Schauspiel hat sich jedoch zunehmend zu einem Mittel der Ergötzung der Zuschauer oder zu ihrer Belehrung entwickelt. Das Schauspiel soll in neuerer Zeit zunehmend die Gefühle und den Verstand der Zuschauer ansprechen, aber nicht primär mehr ihr innerstes Wesen, ihre Seele.

Die Definition eines Rituals als „formal festgelegte Handlung" paßt auch auf so gut wie alle Spiele. Wenn man die Geschichte von Spielen zurückverfolgt, stößt man schließlich auch auf magische Rituale, die allerdings schon weitgehend zum Kult geworden sind. So stammen z.B. die Würfelspiele von dem germanischen Würfel-Orakel ab, „Schach" und „Dame" von der 8·8 Felder großen Übersicht über die 64 Hexagramme des I Gings; das „Gänsespiel" u.ä. Spiele von dem altägyptischen Senet, das den Jenseitsweg dargestellt hat; Fußball, Tennis, Federball, Hockey, Kricket, Rugby u.ä. zum einen von dem germanischen Ballspiel und zum anderen von dem mittelamerikanischen Orakel-Spiel, durch das das Menschenopfer bestimmt wurde; usw.

Der Ursprung der Rituale liegt in der Jungsteinzeit. Damals konnten durch den Ackerbau und die Viehzucht 500-mal mehr Menschen zusammenleben als zuvor, als die Menschen noch in Gruppen bis maximal 30 Menschen von der Jagd und dem Sammeln gelebt hatten. Dadurch reichte die bisherige Assoziation nicht mehr aus, um einen Überblick haben zu können – die Assoziation erfordert das Kennenlernen eines jeden einzelnen Menschen.

Daher wurde die Analogie erfunden: der Vergleich. So kam es zu abstrakteren Begriffen, die sich auf eine bestimmte Struktur oder Eigenschaft bezogen haben wie „Zimmermann", „Schmied", „Aussaattermin", „Ernte" u.ä. Es entstanden also Analogie-Reihen: „Alle Schmiede sind stark." Auf diese Weise entwickelten sich komplexe Urbilder, die eine bestimmte Qualität und Dynamik hatten. Dies waren die Götter: die Große Mutter, der Korngott, der Wildnisgott, der Erdgott, der Urmensch bzw. Urahn, die Göttin des Weltenbaumes, der Gott des Ritualtranks, der Gott der geraden Achse der Töpferscheibe usw.

Es gab auch die zeitliche Analogie: den Jahreskreis. In diesem Kreis wiederholten sich jedes Jahr dieselben Tätigkeiten und Rituale bzw. Feste. Die Aufrechterhaltung der Ordnung, die sich bisher als am effektivsten erwiesen hatte, ließ die Orientierung an der Tradition entstehen. Die Gesamtheit dieser Gottheiten, Zyklen und Rituale ergaben das Urbild des richtigen Verhaltens: die Mythologie.

Das Einhalten der richtigen Ordnung war das zentrale Element des jungsteinzeitlichen Verhaltens. Die „Richtigkeit", die dadurch aufrechterhalten wurde, ist der zentrale Begriff des mythologisch-magischen Weltbildes. Er findet sich in allen magisch-mythologischen Weltbildern:

Germanen:	*sidr*	(„althergebrachte Weise")
Kelten:	*fhirinne*	(„Wahrheit")
Römer:	*ritus*	(„Rad")
Slawen:	*prawda*	(„Wahrheit")
Hethiter:	*aya*	(„Rad")
Inder (alt):	*rita*	(„Rad")
Inder (neu):	*dharma*	(„Versmaß")
Perser:	*asha*	(„Rad")
Griechen:	*dikaios*	(„Gerechtigkeit")
Ägypter:	*ma'at*	(„Mutter")
Sumerer:	*me*	(„Mutter")
Tibeter:	*tashi*	(„glückliches Schicksal")
Chinesen:	*tao*	(„Weg")
Navahos:	*ho'zhong*	(„Schönheit")
usw.		

Das Wort „Ritual" zeigt, daß sein Ursprung in der Vorstellung einer Handlung liegt, die in regelmäßigen Abständen an immer dem selben Punkt im Jahreskreis wiederholt worden ist: „Ritual" stammt von dem lateinischen „rota" für „Rad" ab.

Rituale unterscheiden sich auf den ersten Blick sehr deutlich in den verschiedenen Kulturen, Religionen und Traditionen. Wenn man sich jedoch den Inhalt, den Aufbau und die Dynamik der Rituale anschaut, zeigt sich, daß Rituale einer inneren Logik folgen – genauer gesagt, zwei Formen der Logik folgen: zum einen der Logik des Themas des Rituals (Aussaat, Hochzeit, Weihung, Segen usw.) und zum anderen der Logik der Handlung des Rituals (Eröffnung, Verbindung mit Göttern, Verwandlung, Ende).

So besteht z.B. ein Segen in allen Religionen darin, daß sich der Priester mit einer Gottheit verbindet und dann die Kraft bzw. das Bewußtsein dieser Gottheit durch sich selber zu dem Gesegneten fließen läßt.

Es kann also durchaus einen Nutzen haben, sich Rituale einmal genauer anzuschauen, um zu sehen, wie ein Ritual aussehen sollte, damit es eine effektive magische Wirkung haben kann.

II Der Aufbau eines Rituals

Bei dem Aufbau eines effektiven, wirksamen Rituals stellen sich mehrere Fragen, die man in ungefähr der im folgenden aufgeführten Reihenfolge für sich beantworten sollte.

II 1. Das Ziel

Die erste Frage, wenn man ein effektives Ritual durchführen will, ist die Frage nach dem Ziel. Ohne ein klar definiertes Ziel gibt es auch keine klare Ausrichtung und auch keine klare und große Wirkung. Selbst wenn das Ziel nur die Neugier ist, was beim Durchführen eines bestimmten Rituals passieren kann, sollte dieses Ziel klar sein.

II 2. Die Motivation

Wenn man ein Ritual durchführt, beabsichtigt man eine (magische) Wirkung. Es ist also keine falsch investierte Zeit und Mühe, sich einmal hinzusetzen und sich genau anzuschauen, ob das, was man als Ziel anstrebt, exakt das ist, was man wirklich will.

- Ist dieses Ziel evtl. nur etwas, was man erreichen will, damit man damit etwas anderes tun und erreichen kann?
- Ist das Ziel ein Extrem wie Sucht oder Askese, wie Macht oder Ohnmacht, wie das Anerkennungs-Verlangen oder Scham?
- Ist das Ziel ein unverzerrter Selbstausdruck, der direkt aus dem Herzchakra heraus kommt? Entspringt das Ziel dem Erleben von Fülle, Kraft und Selbstliebe? Oder entspringt es dem Erleben von Mangel, Gewalt und Selbstzweifel?
- Steht das Ziel im Einklang mit den anderen Zielen, die man hat?
- Steht das Ziel im Einklang mit dem, was man wirklich will?
- Steht das Ziel im Einklang mit der eigenen Vision des eigenen Lebens?

Die zentrale Frage ist:

> - Ist das Ziel ein „Ja, aber …“-Wunsch oder ist es ein „Ja, gerne!“-Wunsch? Im ersten Fall sollte man das Ziel solange ergründen und neu formulieren, bis zu einem „Ja, gerne!“-Wunsch geworden ist. Widersprüche in der Motivation werden sich auch in der Wirkung des Rituals zeigen …

Man muß sich nicht genau diese Fragen stellen, aber sich ein wenig Zeit dafür zu nehmen, die eigene Motivation zu überprüfen, könnte hin und wieder den Vorteil haben, daß man nicht mit aller Kraft in die falsche Richtung losrennt.

Man kann sich auch einmal anschauen, wie groß das Bedürfnis hinter dieser Motivation ist – je intensiver die Motivation ist, desto größer wird wahrscheinlich auch die Wirkung des Rituals sein.

II 3. Das Zentrum

Wenn man das Ziel formuliert, überprüft und evtl. noch einmal neu formuliert hat, kann man sich anschauen, was in den bisher entwickelten Vorstellungen zu dem geplanten Ritual der zentrale Vorgang ist. Dieser zentrale Vorgang wird eine Veränderung, eine Verwandlung, eine Verstärkung sein – denn wenn nach dem Ritual immer noch alles so sein soll, wie vor dem Ritual, kann man sich das Ritual auch sparen (es sei denn, man will mit dem Ritual einen bestehenden Zustand absichern).

Das Ziel steht in der Ferne und in der Zukunft. Was ist nun der wesentliche Schritt, der einen selber zu diesem Ziel bringt?

Dieser Schritt hängt offensichtlich von dem Ziel ab. Beispiele für das zentrale Element in einem Ritual können die verschiedensten Dinge sein. Genau genommen sollte man sogar drei Dinge unterscheiden: das Ziel, den Weg dorthin und das „Fahrzeug“, also das Hilfsmittel auf diesem Weg.

> Wenn man z.B. erkannt hat, daß man in Armut lebt und dies ändern will, ist der Wohlstand das Ziel. Der Weg dorthin kann ein Geldzauber sein. Dann wäre z.B. eine Anrufung des Jupiters ein mögliches Hilfsmittel.
>
> Man kann auch zu dem Schluß kommen, daß der Weg zum Wohlstand die Auflösung des eigenen Armutsangst-Bildes ist. Das Hilfsmittel könnte dann eine Verbindung zu Mutter Erde sein.
>
> Es wäre auch denkbar, daß der Betreffende im Zusammenhang mit dem Armut-Thema in sich einen Süchtigen und einen Asketen gefunden hat. Dann wäre die Auflösung dieser beiden Bilder das Hilfsmittel.

Möglicherweise kommt der Magier auch zu dem Schluß, daß ihm alle inneren und äußeren Umstände egal sind und daß er jetzt ganz schlicht Geld haben will. Dann wäre als Methode die Sigillen-Magie geeignet, durch die ein Wunsch ausgesendet wird – in diesem Zusammenhang könnte man diesen Wunsch auch als „magischen Befehl an das Leben" bezeichnen.

Als Zentrum des Rituals kommen mehrere grundlegende Dinge in Frage:

1. Die Herstellung einer Verbindung:
   - Das Erlangen des Kontakts zu seinem eigenen Krafttier, zu der eigenen Kraftpflanze und zu dem eigenen Kraftstein.
   - Das Erlangen des Kontakts zu der eigenen Seele.
   - Das Erlangen der Verbindung zu einer Gottheit.
   - Das Erlangen der Verbindung zu der Einheit/Gott.

2. Die Weitung des Bewußtseins (weitgehend identisch mit Punkt 1.):
   - auf den Bereich der Psyche, der Krafttiere, der Elementarwesen usw.
   - auf den Bereich der Seelen, Geister, Engel usw.
   - auf den Bereich der Götter, Erzengel usw.
   - auf den Bereich der Einheit, Gott, Samadhi usw.

3. Das Auflösen eines polarisierten, Leid-erschaffenden Gegensatzes:
   - Das Auflösen des polarisierten Gegensatzes von Ideal und Schatten in sich selber:
       - Süchtiger und Asket
       - Täter und Opfer
       - Star und Fan
   - Das Auflösen des polarisierten Gegensatzes von Ideal und Schatten in einer Gemeinschaft, Kultur, Religion usw.

4. Die Herstellung eines freien Lebenskraft-Flusses:
   - Kundalini („Erd-Feuer")
   - Bindhu („Himmels-Licht")

5. Die Abgrenzung und Verteidigung gegen etwas:
   - allgemeiner oder spezieller Schutz gegen Angriffe von Menschen
   - allgemeiner oder spezieller Schutz gegen Angriffe von „Geistern"

Es lassen sich sicherlich noch weitere zentrale Dynamiken in einem Ritual finden. So haben z.B. die Schadenszauber eine Zerstörung zum Ziel, andere Formen der Magie haben z.B. Dominanz über andere, das Herstellen von Abhängigkeiten u.ä. zum Ziel. Man könnte auch Regenzauber u.ä. in einer eigenen Kategorie zusammenfassen.

Nachdem man das Ziel überprüft und die Motivation geklärt hat, kann man nun das passende zentrale Element auswählen, das dann den Entwurf und die Dynamik des gesamten Rituals prägen wird.

II 4.   Der Stil

Dieser Punkt ist wichtiger als er auf den ersten Blick zu sein scheint. Wenn man das Ritual in einem Stil durchführt, mit dem man sich nicht wohlfühlt, wird man nicht seine ganze Konzentration und Imaginationsfähigkeit auf dieses Ritual ausrichten können.

Wenn man z.B. ein überzeugter Christ ist und in einem Hexen-Coven Pan angerufen wird, wird man unweigerlich an den Teufel denken müssen und innerlich in Konflikte geraten – was das Ritual effektiv behindern wird.

Das gilt selbst für einzelne Motive: Wenn für manche Teilnehmer eines Rituals z.B. die Schlange das Symbol des Teufels ist und für andere ein Symbol der Kundalini, könnte es Schwierigkeiten geben …

Auch die grundlegende Weltanschauung ist ein sehr wichtiger Punkt – was ist das Grundelement in dem eigenen Weltbild? Das kann der allmächtige Eine Gott sein, die angestrebte Allmacht des Magiers, der Lebenskampf von jedem gegen jeden, eine gütige Große Mutter, der ewige Wandel aller Dinge, die Vorbestimmung, der freie Wille, die gesamte Erde mit allen Wesen auf ihr als ein Gesamt-Lebewesen … Es gibt viele Möglichkeiten – und aus allen diesen Sichtweisen heraus werden z.T. sehr unterschiedliche Rituale entworfen.

II 5.   Die Kraftquelle

Das Ritual ist zunächst einmal nur eine Form, die aus Handlungen, Gesten, Worten usw. besteht – eine Maschine, die noch an den Strom angeschlossen werden muß, damit sie läuft. Für diesen „Strom" kommen mehrere „Anschlüsse" in Frage:

- der Eine Gott
- eine Gottheit
- das kollektive Unterbewußtsein
- die eigene Seele
- ein Geist
- das eigene Krafttier
- die Lebenskraft allgemein
- die eigene Kundalini
- der eigene Wille

Diese „Stromanschlüsse" sehen zunächst einmal sehr verschieden aus, aber die Vielfalt ist nicht ganz so groß, wie sie zunächst einmal zu sein scheint:

- Die Lebenskraft ist eng mit dem Bewußtsein verbunden – folglich sind Geister sozusagen ein Teil der Lebenskraft mit einer mehr oder minder bewußten Eigendynamik
- Die Kundalini ist ein Abschnitt des „Lebenskraft-Kreislaufs" im eigenen Lebenskraft- Körper.
- Das kollektive Unterbewußtsein verfügt über Telepathie und Telekinese und ist mit der Lebenskraft in allen Dingen identisch.
- Die Urbilder in dem kollektiven Unterbewußtsein bestehen aus den Bildern aller heutigen und früheren Bilder in dem individuellen Unterbewußtsein der Menschen.
- Die Urbilder (Archetypen) in dem kollektiven Unterbewußtsein sind mit den Gottheiten in den Mythen identisch.
- Das eigene Krafttier, die eigene Kraftpflanze und der eigen Kraftstein sind Teile der allgemeinen Lebenskraft bzw. der Geister in der Welt, zu denen man einen spezielle Verbindung hat.
- Den Einen Gott kann man die Gesamtheit des Bewußtseins in allen Dingen auffassen.
- Eine Seele kann man als einen Teil von Gott ansehen.

Alle diese Kraftquellen liegen im Bereich des Bewußtseins. Sie unterscheiden sich vor allem durch die Größe, den ihr Anteil an dem gesamten Bewußtsein ausmacht – die eigene Kundalini ist nur ein sehr kleiner Teil, Gott hingegen umfaßt alles.

Das bedeutet nicht, daß Gott als Kraftquelle notwendigerweise effektiver ist als die Kundalini, denn es kommt letztlich nur darauf an, daß genügend „Strom" für die „Ritual-Maschine" durch das „Verbindungs-Kabel" fließt, das man durch eine Götter-Anrufung o.ä. hergestellt hat.

Es ist auch mehr als fraglich, ob man auf den Bereich des Bewußtseins und der

Lebenskraft die Denkgewohnheiten, die durch die Wahrnehmung der äußeren, materiellen Welt geprägt sind, einfach übertragen kann. Die Existenz von Telepathie und Telekinese zeigt deutlich, daß die Dinge im Bereich des Bewußtseins nicht so deutlich voneinander getrennt sind, wie im Bereich der Materie.

Man kann letztlich also nur sagen, daß eine Kraftquelle für das Ritual gebraucht wird und daß diese Kraftquelle dem Weltbild und dem Stil des Magiers entsprechen muß.

II 6. Die Teilnehmer

Ein Ritual, das von einem einzelnen Menschen durchgeführt wird, ist schon deshalb einfacher zu entwerfen, weil der Betreffende das Ritual dann in seinem eigenen Stil verfassen und durchführen kann.

Wenn das Ritual von zwei Menschen, von einer Gruppe oder von einer großen Gemeinschaft durchgeführt wird, muß der Stil zu allen passen, sind Improvisationen schwieriger durchführbar, müssen die Bewegungen, Gesten, Worte und Imaginationen aller Teilnehmer koordiniert werden usw.

Andererseits kann aber z.B. eine Götter-Anrufung, wenn sie von einer Gruppe durchgeführt wird, die dieses Ritual schon seit etlichen Jahren regelmäßig verwendet, ausgesprochen kraftvoll sein.

Der Aufbau eines wirkungsvollen, für alle Teilnehmer in seinem Aufbau leicht erfaßbaren und zudem magisch effektiven Rituals ist natürlich anspruchsvoller als ein einfaches Ritual, das von nur einem einzigen Menschen durchgeführt wird.

Es gibt natürlich auch viele Zwischenformen wie Rituale, die einen eindeutigen Leiter haben und in dem die übrigen Teilnehmer nur Imaginations-Helfer sind, die Lieder mitsingen, die nur an bestimmten Stellen etwas sagen können, usw.

II 7. Die Schichten

Ein Ritual hat mehr als nur eine Schicht. Es lassen sich mindestens sieben verschiedene Schichten unterscheiden:

- das Ziel des Rituals
- das zentrale Element des Rituals
- evtl. ein übergeordnetes Symbol, das dem Ritualaufbau zugrundeliegt (Elemente-Kreis, kabbalistischer Lebensbaum, I Ging u.ä.)

- die Handlung, die Gesten, die Worte, der Tempel usw.
- die Symbolik der Handlungen, Gesten usw.
- die verschiedenen Funktionen der aktiven Teilnehmer
- die durch die Teilnehmer invozierten (evtl. verschiedenen) Gottheiten

Nicht jedes Ritual muß kompliziert sein – dadurch wird es keineswegs besser und wirkungsvoller. Aber ein gut konzipiertes komplexes Ritual kann sehr kraftvoll sein.

Es geht vor allem darum, daß man sich bei dem Entwerfen und Ausgestalten eines Rituals dieser Ebenen bewußt ist – einfach deshalb, weil es diese Ebenen gibt. Man kann ein Ritual ganz schlicht gestalten und es kann sehr wirksam sein – weil man auf alle Punkte geachtet hat, die für den Aufbau eins Rituals relevant sind. Das Ritual sollte eine gute „Maschine" sein, damit der bei dem Ritual gerufene „Strom" die „Maschine" gut in Gang setzen kann und der „Strom" effektiv genutzt wird.

II 8. Die Symbole

In fast jedem Ritual werden Symbole benutzt. Sie sind der bildhafte Ausdruck für eine oft recht komplexe Vorstellung, die eine große Menge an Assoziationen in dem Betrachter wachruft. Man kann mit Symbolen, die man in Ritualen benutzt, Verwandlungsvorgänge und viele andere Dynamiken auf schlichte Weise darstellen.

Ein sehr einfaches Beispiel ist z.B. die Weihung eines goldenen Ringes mit einem Rubin, den man sich geschmiedet hat, um die Kraft des Mars in sich zu verstärken. Man kann den Ring z.B. in einem Ritual vor eine Statue des griechischen Kriegsgottes Ares legen, Ares anrufen, ihn um die Weihung des Ringes bitten und anschließend diesen Ring tragen.

In einem Hexen-Coven gibt es Rituale, in dem ein Mann seinen Stab in den Kelch einer Frau hält. Diese symbolische sexuelle Vereinigung ist für alle Teilnehmer unmißverständlich.

Es ist sinnvoll, bei der Benutzung von Symbolen zu prüfen, was diese Symbole darstellen – die traditionelle Bedeutung eines Symbols wird sich gegen die ihm von seinem Benutzer zugeschriebene Bedeutung durchsetzen. Manche Symbole wie z.B. die Schlange haben auch eine lange Geschichte, die bis in die späte Altsteinzeit zurückreicht – sie haben daher in ihrer Symbolik auch verschieden alte Schichten, die man sinnvollerweise mitbedenken sollte.

Es ist im allgemeinen jedoch besser, einfach mal anzufangen als erst einmal sicherheitshalber jahrzehntelang zu studieren – die beste Grundlage für die Magie ist immer noch die eigene Erfahrung. Und Fehlschläge sind eine solide Grundlage für Sachkenntnis.

II 9. Die Komplexität

Die Komplexität eines Rituals kann ausgesprochen verschieden sein:

> - Man kann die vier Elemente in den vier Himmelsrichtungen einfach standardmäßig mit dem Kleinen Pentagramm-Ritual rufen.
> - Man kann auch das Große Pentagramm-Ritual benutzen und alle Erzengel, Engel, Geister, Engelshierarchien usw. anrufen, dazu die Enochia-Sprache benutzen, die Tattwa-Symbole imaginieren, die vier Tierkreiszeichen Löwe, Waage, Skorpion und Stier anrufen usw.
> - Man kann auch einfach in der Mitte stehen, sich in die vier Himmelsrichtungen drehen und jeweils einmal kurz mit dem Kopf nicken …

Die Komplexität ist weder ein Garant für Effektivität noch ein Hindernis für die Effektivität. Der ausgewählte Grad an Komplexität hängt davon ab, was man mit dem Ritual erreichen will.

Ein langes und detailreiches Ritual kann z.B. die Wirkung haben, daß man geradezu in eine Ritual-Trance gerät.

Man kann auch ein komplexes Ritual durchführen, um die verschiedenen Aspekte, die man zu einem Thema gefunden hat, in einem „Bild" zusammenzufassen. Auf diese Weise räumt man bewußt in dem Bereich der Bilder und Symbole auf und schafft die Grundlage für spätere, schlichtere Rituale.

Manche Rituale wie z.B. Einweihungen haben auch von Natur aus viele Aspekte und es ist sinnvoll, diese auch darzustellen. Die Mysterien von Eleusis haben sich z.B. über zehn Tage hin erstreckt. Auch eine indianische Visionssuche dauert meistens drei Tage – obwohl sie von ihrem Aufbau her sehr schlicht ist und hauptsächlich aus „in Stille warten" besteht.

Möglicherweise ist die Grundlage des geplanten Rituals auch eine Mythe, die in dem Ritual dargestellt wird. Wenn dabei fünf Götter beteiligt sind, kann das Ritual schon durch diese fünf Rollen/Invokationen und die Handlungen zwischen diesen Göttern recht komplex werden.

Die Komplexität des Rituals hängt vor allem von dem Ziel, der Motivation, der Anzahl der Teilnehmer und dem generellen Thema des Rituals ab.

II 10.   Der Spannungsbogen

Ein gutes Ritual hat einen guten Spannungsbogen. Die Teile folgen logisch aufeinander und sind so klar gestaltet, daß jeder Teilnehmer verstehen kann, was gerade warum geschieht – auch wenn überraschende Wendungen durchaus förderlich sein können. Aber sie müssen in der Logik des Rituals liegen.

Man kann sich durchaus an dem Aufbau des klassischen Dramas orientieren:

> 1. Akt: die Personen werden vorgestellt
> 2. Akt: der Konflikt zwischen den Personen wird deutlich
> 3. Akt: der Konflikt zwischen den Personen steigert sich
> 4. Akt: die Spannung wird gehalten
> 5. Akt: die Spannung löst sich auf

Natürlich kann man ein Ritual nicht wie ein Drama konzipieren, da ein Ritual eben kein Schauspiel ist, das im Betrachter Gefühle auslösen soll, sondern eben ein Ritual, das eine magische Wirkung haben soll. Aber man kann an guten Dramen einen gelungenen Spannungsbogen studieren.

Zu dem Spannungsbogen eines Rituals können u.a. die folgenden Elemente gehören:

- <u>die Eröffnung des Ritualortes</u>: das Ziehen eines Schutzkreises, das Weihen des Tempels, das Anrufen von Schutzgottheiten, das Kleine Pentagramm-Ritual, das Entzünden des Schwitzhütten-Feuers usw.

- <u>die Vorstellung der Teilnehmer</u>: dies ist nur bei größeren Ritualen von Bedeutung

- <u>die Eröffnung des Spannungsbogens</u>: eine Absichts-Erklärung, der Bezug auf eine Mythe oder ein Vorbild u.ä.

- <u>die Verbindung mit der Lebenskraft</u>: Invokationen einer Gottheit oder von mehreren Gottheiten durch mehrere Personen, die Einladung von bestimmten Geistern zu dem Ritual, eine Traumreise, eine Mantra-Meditation o.ä.

- <u>die Haupthandlung</u>: die Weihung, die Einweihung, die Verwandlung, die Weitung, der Segen usw.

- <u>die Einordnung der Haupthandlung</u>: Beschreibung der möglichen weiteren Entwicklung, in Stille der Wirkung des Hauptteils nachspüren u.ä.

- <u>die Verabschiedung</u>: den Göttern und Geistern danken, abschließende Bitten u.ä.

- <u>das Schließen des Ritualortes</u>: einfache Geste, Verabschieden der Götter und Geister, Kleines Pentagramm-Ritual, das Schwitzhütten-Feuer ausbrennen lassen usw.

Dieser Aufbau kann natürlich je nach Thema variiert werden. So kann ein Ritual z.B. drei Hauptteile habe wie z.B. das Rufen des angestrebten Ideals, das Rufen des gefürchteten Schattens und das Vereinen und Auflösen der beiden, sodaß die ursprüngliche, heile Gestalt wieder erscheinen kann.

Es ist lediglich wichtig, daß der Aufbau des Rituals schlüssig ist – seine Teile sollten wie die Teile einer Maschine oder noch besser wie die Organe eines Leibes zusammenpassen und dadurch als ganzes auf effektive Weise die gewünschte Wirkung hervorrufen können. Das Ritual sollte also ein einleuchtendes, markantes und einprägsames Bild des Zieles und des Weges dorthin sein.

Zu einem guten Spannungsbogen gehört es auch, daß die einzelnen Teile eine angemessene Länge haben – daß z.B. die Eröffnung nicht die Hälfte des Rituals ausmacht.

Es kann eine gute Hilfe beim Entwerfen von Ritualen sein, wenn man schon mal Geschichten, Märchen, Schauspiele oder zumindestens ein paar Gedichte geschrieben hat.

II 11. Alt oder neu?

Man kann für einen bestimmten Zweck ein altes, traditionelles Ritual benutzen. Wenn man eins kennt und das Ritual auch vom Stil her zu einem selber paßt, spricht nichts dagegen, dieses Ritual zu benutzen – zumal Rituale, die schon oft benutzt worden sind, eine Eigendynamik entwickeln. Man tritt sozusagen in Resonanz zu allen bisherigen Durchführungen dieses Rituals. Dadurch kann man einen Extra-Schub erhalten.

Wenn man kein Ritual zu dem gewünschten Thema kennt oder die bekannten Rituale zu dem Thema nicht zu dem eigenen Stil und der eigenen Weltanschauung passen, sollte man ein neues Ritual entwerfen. Dabei kann man durchaus Elemente von älteren Ritualen benutzen. Bei dem Entwerfen von neuen Ritualen gehen die meisten Magier mit der Tradition wie mit einem LEGO-Kasten um: Sie bauen aus den alten Elementen etwas Neues.

Man kann auch traditionelle Rituale benutzen und sie durch eigene Texte ergänzen. Man kann auch bestimmte traditionelle Teile eines Rituals wie z.B. das Pentagramm-Ritual durch Ergänzungen verstärken, wenn man das Gefühl hat, daß das Riual insgesamt einen festeren Rahmen, ein sichereres Gefäß braucht.

Es ist zudem empfehlenswert, einmal an verschiedenen Ritualen teilzunehmen und ihre Struktur, ihre Dynamik, ihre Intensität und, wenn möglich, auch ihre Effektivität zu betrachten. Auf diese Weise kann man viel über Rituale lernen – und über verschiedene Stile.

Je verschiedener die Rituale sind, an denen man teilnimmt oder die man zumindestens studiert, desto mehr kann man lernen: eine christliche Mönchs-Weihe, ein

16

Schwitzhütten-Zeremonie, eine Einweihung des Golden Dawn, ein Derwisch-Tanz, ein Ahnen-Tanz der Ewe in Westafrika, eine indische Soma-Zeremonie, ein indianischer Sonnentanz, das Tapati Rapa Nui auf den Osterinsel, das altägyptische Bestattungsritual usw.

II 12.   Die Schlüssigkeit

Die Schlüssigkeit eines Rituals hängt von vielen Dingen ab: von der dem Ritual zugrundeliegenden Weltanschauung, von der Geradlinigkeit des Anstrebens des erwünschten Zieles, von der inneren Logik der gewählten Methode, von dem Verhältnis der Teile des Rituals zueinander, von der Intensität des Anschlusses an die Lebenskraft, von der Einheitlichkeit des Stiles usw.

Ein Element, das die Schlüssigkeit eines Rituals deutlich fördern kann, ist ein schlüssiger weltanschaulicher Hintergrund, an dem sich das gesamte Ritual orientiert. So sind z.B. die sehr komplexen Einweihungs-Rituale des Golden Dawn in ihrer Grundstruktur auf dem kabbalistischen Lebensbaum aufgebaut worden. Dadurch haben sie in ihrem Gesamtablauf eine große Klarheit, die die Vielfalt dieser Rituale zusammenhält und effektiv fokussiert.

II 13.   Das „gewisse Etwas"

Die Schlüssigkeit eines Rituals kann man sofort erkennen, aber man kann sie nicht konstruieren oder erschöpfend beschreiben – so wie man auch kein wirklich gutes Musikstück konstruieren und formal beschrieben kann. Zu einem guten Ritual gehört wie zu einem guten Musikstück noch etwas anderes, das man am ehesten „Inspiration" nennen könnte – es ist etwas, das aus der Tiefe, aus dem eigenen Herzchakra oder von einer Gottheit kommt. Durch dieses zusätzliche Element bekommt das Ritual oder das Musikstück das „gewisse Etwas", ein Leuchten, ein Strahlen ... und seine Überzeugungskraft ...

Natürlich gibt es auch handwerklich-gute und schlichte Rituale, die ihren Zweck erfüllen, aber wenn man z.B. einmal eine Schwitzhütten-Zeremonie erlebt hat, nach der eine der Teilnehmerinnen, die Kettenraucherin gewesen ist, spontan und dauerhaft das Rauchen aufgegeben hat, weil sie in der Schwitzhütte das wiedergefunden hat, was sie eigentlich gesucht hat, dann weiß man, was dieses „gewisse Etwas" ist.

Man kann als Vorbereitung zu dem Entwerfen eines Rituals auch Traumreisen zu dem Thema des Rituals unternehmen oder eine Woche lang fasten, um der eigenen Suche Nachdruck zu verleihen. Auf diese Weise kommt man oft zu Erlebnissen oder zu Kontakten zu Gottheiten und Geistern, die den eigenen Blick auf das geplante Ritual völlig verändern.

II 14. Der Feinschliff

Nachdem das Ziel klar und eindeutig geworden ist, das Ritual entworfen worden ist, alle Texte geschrieben worden sind und die eventuelle Überbetonung eines Teiles des Rituals korrigiert worden ist, folgt als letztes noch der „Feinschliff" des Rituals: Man prüft noch einmal die Bilder, den Stil, das Versmaß, die verwendeten Symbole, die geplante Gestaltung des Ritualortes usw.

III Ritual-Elemente

Ein Ritual kann viele verschiedene Elemente enthalten. Es wird kaum ein Ritual geben, das alle diese Elemente enthält – was auch gar nicht nötig ist. Alle diese Elemente sind Hilfsmittel, um das Ritual möglichst effektiv werden zu lassen.

Bei der Wahl dieser Elemente ist es wichtig, das Ziel des Rituals stets im Auge zu behalten und diesem Ziel alles unterzuordnen – sonst wird das Ritual nicht schlüssig und einsgerichtet sein können.

Die Anzahl der verwendeten Elemente hängt u.a. auch davon ab, ob es sich um ein Ein-Magier-Ritual oder um ein Gruppen-Ritual handelt. Bei einem Gruppen-Ritual sind in der Regel eine größere Anzahl von Hilfsmitteln förderlich, da sie die Konzentration und Imagination der Teilnehmer koordinieren. Bei recht erfahrenen Teilnehmern, die das Ritual auch schon gut kennen, kommt man auch mit weniger Hilfsmitteln aus.

Man sollte natürlich auch Anfänger nicht durch eine zu große Vielfalt an Hilfsmitteln verwirren.

III 1. Der Ort

Meistens ergibt sich der Ort aus dem geplanten Ritual: die Mysterien von Eleusis fanden im Tempel von Eleusis statt, die Bestattung auf Friedhof, das Treffen des Hexen-Covens auf der Lichtung im Wald, die Versammlung der Freimaurer im Logen-Tempel usw.

Manchmal hat man jedoch auch mehrere Orte zur Auswahl – vor allem wenn man ein Ritual alleine oder lediglich zu zweit ausführt. Es gibt keinen „einzig richtigen Ort" – man sollte einfach nachspüren, was zu dem beabsichtigten Ritual am besten paßt: der Tempel (wenn vorhanden), die Waldlichtung oder das eigene Wohnzimmer. Manchmal wird ein Ritual auch sofort gebraucht und man führt es imaginativ durch, während man in einem Zugabteil sitzt oder am Lenkrad des eigenen Autos auf der Autobahn.

Ein Ritual kann durchaus durch das Durchführen an einem bestimmten „Kraftort" gefördert werden, aber Rituale sind im allgemeinen nicht von der Wahl eines bestimmten Ortes abhängig – trotzdem gibt es Orte, die man im allgemeinen für bestimmte Rituale vorziehen wird. So paßt zu einer Wind-Anrufung ein Berggipfel oder der Meeresstrand, zu einem Einweihungsritual ein Tempel, zu einer Jenseitsreise ein Höhle, zu einer Weihung ein Tempel oder eine Kirche usw.

III 2. Der Zeitpunkt

Manchmal ergibt sich der Zeitpunkt weitgehend von selber wie bei Taufen, Hochzeiten, Bestattungen, Ernte-Ritualen u.ä.

Generell kann man sagen, daß Vollmond-Tage oder die beiden Tage vor Vollmond für alle Rituale förderlich sind, bei denen etwas geändert oder verwandelt werden soll – also für fast alle Rituale. Auch Schwitzhütten-Zeremonien finden in der Regel auf Vollmond oder kurz davor statt.

Manchmal ergibt sich der Zeitpunkt auch aus der Biographie: ein Saturn-Ritual mit 28 Jahren, wenn der Saturn wieder auf der Stelle steht, auf der er auch in dem Geburtshoroskop des Betreffenden steht; ein Einweihungs-Ritual, wenn der Betreffende alle Vorbereitungen abgeschlossen hat; Taufe, Konfirmation, Hochzeit, Bestattung; Soforthilfe bei einer akuten psychischen Krise oder einer Psychose; usw.

III 3. Der Schutzkreis

Der Schutzkreis stammt aus den Evokationen, also den Beschwörungen von Geistern und Dämonen im Mittelalter. Der Magier wollte sich durch einen solchen Kreis vor den Geistern schützen, die er rief.

Heutzutage wird durch den Schutzkreis oft eher ein „neutraler Ort für ein magisches Experiment" geschaffen. Das Errichten und Auflösen des Schutzkreises markiert dann auch den Anfang und das Ende eines Rituals.

Es gibt auch Rituale, bei denen kein Schutzkreis verwendet wird – wie z.B. bei vielen Hexen-Coven. Wenn man sich als Teil der Natur und sicher in der Natur fühlt, ist keine Abgrenzung nötig …

Manchmal gibt es auch einen „dauerhaften Schutz" an einem Ort wie z.B. die Mauern einer Kirche oder eines anderen Tempels. Auch die Schwitzhütte als Symbol des Bauches von Mutter Erde ist solch ein dauerhafter Schutz.

Ob man in einem Ritual einen Schutzkreis verwendet oder nicht, hängt also sehr stark von dem Weltbild der Betreffenden ab und zudem auch von dem geplanten Ritual.

Der Schutzkreis ist keine zwingende Notwendigkeit.

III 4. Gottheiten und Geister

Das Anrufen von Gottheiten oder Geistern ist in den meisten Ritualen ein zentrales Element – von der Eucharistie (Abendmahl) über die Hexen-Rituale bis hin zu den spiritistischen Sitzungen. In den Ritualen, in denen Götter oder Geister gerufen werden, sind sie fast immer die Kraftquelle des Rituals.

Manchmal sind die Götter auch Vorbilder bei einer Einweihung wie z.B. bei der Mönchsweihe Christus oder wie bei den Einweihungsritualen der Rosenkreuzer und des Golden Dabei Christian Rosenkreuz, der letztlich mit Christus identisch ist. Bei der Nonnenweihe ist Christus der Gatte der Nonne, die ihn bei ihrer Weihe heiratet. In den Osiris-Mysterien ist Osiris das Vorbild für die Menschen.

Die Geister der Ahnen werden des öfteren gerufen, um Rat und Hilfe zu erhalten – wie beim germanischen Utiseta, bei der spiritistischen Sitzung und bei den systemischen Familienaufstellungen.

III 5. Statuen

Wenn in einem Ritual Götterstatuen verwendet werden, sind diese Statuen ein vorübergehender Leib der betreffenden Gottheit, die in diese Statue gerufen wird, damit man ein „Tor" zu der Gottheit hat. Es macht natürlich einen großen Unterschied, ob man in seinem Wohnzimmer eine 5cm große Osiris-Statue vor sich stehen hat oder eine 2m hohe Shiva-Statue in einem Tempel. Man kann ganz platt sagen „je größer die Statue, desto dominanter ist sie im Ritual".

Eine mit Sachkenntnis geweihte Götterstatue in einem alten Tempel ist etwas, was man nicht weiter erklären muß, wenn man sie sieht. Wenn man z.B. in Karnak in Ägypten in dem Tempel am Nordrand der Anlage die lebensgroße Statue der Löwengöttin Sachmet sieht, können einem schon mal die Haare zu Berge stehen. Eine solche Statue ist zu deutlich mehr geworden als zu einem Ritual-Requisit – die Göttin lebt in dieser Statue.

Normalerweise wird man in den eigenen Ritualen jedoch keine solche Statue zur Verfügung haben – und auch keinen Tempel in der Nähe haben, in dem eine solche Statue steht.

Ähnlich kraftvolle Statuen findet man auch an anderen Orten wie z.B. bei den Statuen von Christus, den Aposteln und den Heiligen rings um den Petersplatz in Rom.

III 6.   Symbole

Mithilfe von Symbolen kann man in einem Ritual Qualitäten darstellen – indem sie sich an einem Platz befinden, in dem man etwas mit ihnen macht, indem man sie weiht oder verändert.

Die Gottheiten sind die Fixpunkte, Quellen und Vorbilder in einem Ritual – die Symbole sind die Worte, die man mit ihnen wechselt.

III 7.   Gegenstände

Oft gibt es im Ritual weitere Gegenstände, die man verwendet, die nicht primäre Symbole sind wie Kerzen, Altardecken, ein Kelch für das Ritualgetränk, Säulen links und rechts von dem Eingang zu einem besonderen Bereich usw.

Ein sehr spezieller Gegenstand ist der Zauberstab. Ursprünglich ist er das Symbol des Weltenbaumes gewesen. Als solcher war er das Symbol der Seher und Seherinnen – sie reisten innerlich den Weltenbaum zu den Göttern und Ahnen im Himmel, von denen sie erfuhren, was gerade weit fort geschah bzw. was in der Zukunft noch geschehen wird. Im Laufe der Zeit ist aus dem Symbol eine Quelle der magischen Kraft geworden.

Man kann jedoch auch ohne Zauberstab zaubern.

III 8.   Mandalas

Mandalas sind magisch-spirituelle Landkarten. Manche Rituale sind auf solchen Landkarten aufgebaut – z.B. die Einweihungsrituale des Golden Dawn auf dem kabbalistischen Lebensbaum.

Ein Mandala ist eine konzentrische innere Landkarte. Eine typische Einteilung eines Mandalas besteht aus fünf Bereichen und vier Richtungen:

- äußerster Kreisring: Körper, äußere Welt
- zweitäußerster Kreisring: Lebenskraft, Psyche
- mittlerer Kreisring: Seele
- innerster Kreisring: Gottheiten
- zentraler Kreis: Gott

- Ost-Viertel der Kreisringe: Luft
- Süd-Viertel der Kreisringe: Feuer
- West-Viertel der Kreisringe: Wasser
- Nord-Viertel der Kreisringe: Erde

Solch ein Mandala kann man benutzen, um den Weg von der äußeren Welt zur inneren Welt, von der Vielheit zur Einheit zu strukturieren und schrittweise zu erkennen, zu erleben und zu gehen.

Mit einem Mandala ist in der Regel eine Vielzahl von Meditationen und Ritualen verbunden. Ein Mandala ist sozusagen eine Mega-Struktur, in der sich ein einzelnes Ritual befinden kann.

Solche Mandalas werden zum einen als Bild benutzt und zum anderen auch als Struktur auf dem Boden, in dem sich die Ritualteilnehmer bewegen.

Von seiner Funktion her entspricht ein Mandala solchen graphischen Darstellungen innerer Zusammenhänge wie z.B. dem kabbalistischen Lebensbaum.

III 9. Kleidung

In manchen Ritualen wird eine spezielle Kleidung getragen, die von der jeweiligen Kultur oder Orden abhängt – wie z.B. die liturgischen Gewänder in der christlichen Kirche oder die schwarzen Gewänder in den meisten Saturn-Orden.

In Schwitzhütten, in einigen Hexenkreisen und in manchen indischen Yogi-Gruppierungen („Digambara-Sadhus") besteht die besondere Kleidung in der Nacktheit.

Das Tragen eines speziellen Gewandes beim Durchführen von Ritualen hat auf die meisten Menschen eine starke Wirkung – man kommt in einen „rituellen Zustand".

III 10. Talismane

Ein Talisman ist ein geweihter Gegenstand – das kann jeder Gegenstand sein und auch die Art der Weihung kann ausgesprochen vielfältig sein. In der Regel paßt der Gegenstand, der zu einem Talisman geweiht worden ist, von seiner Form her zu der Art der Weihung – ein Kruzifix für Christus, ein Ankh für Isis, ein quadratisches Zinn-Stück für Jupiter, ein Schwert für die Kampfkraft des Ares usw.

Ein Talisman hat eine spezielle Funktion und Aufgabe, die je nach der Art der Weihung sehr stark variieren kann. Ein Talisman ist sozusagen ein Behälter für einen

Zauber, dessen Wirkung in einem Ritual dadurch einsetzt, daß man den Talisman in dem Ritual verwendet.

Der größtmögliche Talisman nach dieser Definition ist eine geweihte Götterstatue, in der die betreffende Gottheit anwesend ist – oder gleich ein ganzer Tempel mit mehreren geweihten Götterstatuen.

III 11. Texte

Die Texte in einem Ritual haben zum einen die Aufgabe, dem Willen eine Form zu geben, und zum anderen die Handlungen der an dem Ritual beteiligten Menschen zu koordinieren.

Am auffälligsten sind in einem Ritual die Zauberformeln, die oft in alten Sprachen verfaßt sind, sowie die Anrufungen der Gottheiten. In vielen Fällen haben diese Anrufungen auch lyrische Qualitäten und manche von ihnen sind richtige Kunstwerke. Das poetische Niveau dieser Anrufungen ist für das Funktionieren der Anrufungen nicht unbedingt notwendig, aber es erleichtert die Konzentration und teilweise auch die Imagination.

Der größte Teil der Texte wird von einem Einzelnen gesprochen, doch es gibt auch gemeinsam gesprochenen Verse, gemeinsam gesungene Gottesnamen u.ä. sowie festgelegte Wechsel-Gespräche, die in vielen Ritualen in immer derselben Form vorkommen.

Die Texte eines Rituals werden oft als das zentrale Element in einem Ritual empfunden. Es lohnt sich also, sich mit den Texten ein wenig Mühe zu geben.

III 12. Gesänge

Für die Gesänge gilt mehr oder weniger dasselbe wie für die Texte. Manche Lieder werden nur von einem Einzelnen gesungen, andere von allen – und es es gibt auch gemeinsam gesungene Refrains und andere Formen des Wechselgesangs.

Die Gesänge, insbesondere die Mantren (einzelne Verse) und die Chants (kurze Strophen), die lange Zeit wiederholt werden, haben noch eine spezielle Wirkung, die über die gesprochenen Texte hinausgehen: Sie regen eine innere Schwingung an.

Das ist ganz wörtlich gemeint: Wenn man eine halbe Stunde lang zusammen mit zwei Dutzend anderen Menschen vor einer Shiva-Statue in einem Tempel einen Shiva-Chant gesungen hat, kann man in einen veränderten Bewußtseinszustand kommen, der sich selber stabilisiert. Man ist sozusagen „von Shiva erfüllt" und wird von ihm „getragen".

Rituale, in denen Chants eine große Rolle spielen, haben meistens nur wenig sonstigen Text und Handlung. Eine Ausnahme davon sind die Schwitzhütten-Rituale, in denen sowohl die Texte als auch die Chants eine wichtige Rolle spielen.

III 13. Tänze

Rituelle Tänze gibt es vor allem bei den sogenannten Naturvölkern und in magisch-mythologisch geprägten Religionen. Bei den Naturvölkern (insbesondere in Afrika) gibt es für fast alle Gelegenheiten Tänze – der ganze Körper ruft die Lebenskraft, die Ahnen und die Götter: „Sweat your prayers!" In den magisch-mythologischen Weltanschauungen (ihre Wurzel liegt in der Jungsteinzeit), ist der Tempeltanz ein prägendes Element.

Man kann die rituellen Tänze in mehrere Gruppen einteilen:

- der Einzeltanz von Spezialisten
- der Gruppentanz von Spezialisten, die alle dieselben Bewegungen durchführen
- der Gruppentanz von Spezialisten, in dem alle eine spezielle Rolle haben (z.B. bei der Mythen-Aufführung)
- der Gruppentanz von allen, in dem alle über längere Zeit hinweg dieselben (einfachen) Bewegungen machen (Trancetanz)
- der Gruppentanz von allem, die mit ihren Bewegungen einem Vortänzer folgen, der ab und zu die Bewegungsfolge ändert
- der Gruppentanz von allen, in dem alle im Kreis stehend dieselben einfachen Bewegungen machen, aber nacheinander Einzelne für kurze Zeit in der Mitte des Kreises andere Bewegungen improvisieren

Der Tanz erzeugt noch stärker als der Gesang ein Schwingen. Gesang und noch mehr der Tanz haben den Vorteil, daß die Handlung nicht so stark vom Kopf her gesteuert wird. Dadurch kann der Tanz eine archaische Kraft entfalten, die durch andere Methoden nicht so leicht erreicht werden kann.

III 14.   Die geplante Improvisation

In manchen Ritualen gibt es Platz für die „geplante Improvisation". Dies ist z.B. bei den Kreistänzen der Fall, bei denen alle dieselben Bewegungen im Kreis machen und ein Einzelner oder auch einmal mehrere in den Kreis hineintanzen und dort das, was in ihnen ist, durch Tanzbewegungen ausdrücken. Ein anderes Beispiel ist die „Runde" in der Schwitzhütte, in der nacheinander alle, die wollen, etwas zu den Geistern sagen können, die in die Schwitzhütte eingeladen worden sind. Diese Runde kann ein sehr intensiver Teil des Rituals sein – einfach schon deshalb, weil hier jeder ganz persönlich werden kann.

Diese „geplante Improvisation" ist allerdings ein eher seltenes Element in Ritualen.

III 15.   Die Aufgaben-Verteilung

In komplexeren Ritualen, an denen mehrere Menschen teilnehmen, kommt es oft zu einer Aufgabenteilung. Typische Aufgaben in Ritualen sind:

- der Ritualleiter
- die Hohepriesterin
- der Wächter
- der Feuerhüter (bei Schwitzhütten)
- der Seelenführer (bei Einweihungsritualen und in Mysterien)
- der Einzuweihende
- die Verkörperungen einer Gottheit in einer Mythe

IV Die Effektivität von Ritualen

Rituale sollten effektiv sein. Dafür gibt es jedoch kein Patentrezept, das jeder immer und bei allen Gelegenheiten anwenden kann.

Ein klares Ziel, eine gründlich überprüfte Motivation, die Wahl eines passenden zentralen Elementes, ein lyrischer Ritualtext, ein gelungener Spannungsbogen und idealerweise ein wenig Inspiration sind die Grundlage für ein effektives Ritual.

Es gibt natürlich auch effektive Rituale, auf die diese Beschreibung nur teilweise paßt wie z.B. auf die Sigillen-Magie, die allerdings auch nur zu einem sehr geringen Teil noch zu der rituellen Magie gehört.

Und letztlich ist auch die Ritual-Magie ein Handwerk, das man nicht von jetzt auf gleich erlernen kann – und wie für jedes Handwerk gilt auch hier: „Übung macht den Meister."

V Der Nutzen von Ritualen

Der primäre Nutzen von Ritualen ist natürlich der magische Erfolg. Rituale haben jedoch auch noch einige sekundäre Nutzen.

- Am offensichtlichsten ist die Notwendigkeit, sich intensiv mit dem Thema zu beschäftigen, bei dem man etwas mithilfe eines Rituals ändern will. Dadurch kommt man evtl. zu neuen Erkenntnissen, die dabei helfen, das Ziel präziser zu formulieren und leichter zu erreichen. Bei diesem Vorgang kann man möglicherweise auch den einen oder anderen inneren Widerspruch auflösen.

- Durch die intensive Beschäftigung mit dem Thema wird man vermutlich auch einen besseren Überblick über die Geschichte und die innere Struktur dieses Themas erlangen – sowohl in Hinsicht auf die eigene Biographie als auch in Hinsicht auf allgemeine Geschichte dieses Thema.

- Die eingehendere Betrachtung eines Themas und das Anordnen seiner Elemente und seiner Dynamik in einem Ritual führt auch dazu, daß die verschiedenen Aspekte des betreffenden Themas bewußter werden und zusammenwachsen. Dadurch wird auch eine klarere Ausrichtung auf das Ziel und ein deutlicheres Erkennen des Weges dorthin möglich.

- Ein Ritual ist nicht zuletzt auch eine gute Hilfe bei der Konzentration und bei der Imagination.

VI   Die Weiterentwicklung der Ritual-Praxis

Die Benutzung von Ritualen zeigt in der Praxis einen deutlichen Entwicklungs-
bogen, der bei den meisten Magiern und Hexen recht ähnlich ist.

Bei dieser Entwicklung kann man zehn Phasen unterscheiden, die in etwa in der
unten angeführten Reihenfolge aufeinander folgen. Die dargestellten Phasen über-
schneiden sich natürlich und können auch in leicht veränderter Folge auftreten, aber
die grundlegende Entwicklung ist sehr weit verbreitet.

1. erste Kontakte: Man erlebt ein erstes Ritual, macht bei einem zweiten
und dritten Ritual mit und stellt fest, daß das etwas ist, was man besser
kennenlernen will. Man spürt, daß in Magie-Ritualen ein Potential steckt, das
das eigene Leben deutlich verbessern und bereichern kann. Also beschließt
man, Ritual-Magie zu erlernen.

2. erste Strukturen: Zunächst einmal wird man vermutlich die Rituale, die
man als erstes kennengelernt hat, auch selber für sich durchführen. Dabei
wird man notwendigerweise den Aufbau der Rituale besser kennenlernen –
das ihnen evtl. zugrundeliegende Mandala (z.B. die vier Elemente in den vier
Himmelsrichtungen und das Licht in der Mitte) sowie ihre Dynamik (z.B. den
Schutz und die Stärkung durch das Kleine Pentagramm-Ritual).

3. erste praktische Anwendungen: Vermutlich wird man diese Rituale auch
recht bald praktisch anwenden – z.B. einen Geldzauber oder das
Pentagramm-Ritual zum Schutz bei einer Verkehrskontrolle.

4. verschiedene Traditionen: Als nächstes werden viele angehende Magier
und Hexen andere Rituale suchen, Invokationen von Gottheiten kennenlernen, evtl. bei einer Dämonen-Beschwörung mitmachen, eine magische
Heilung erleben, an einem afrikanischen Sonnentanz teilnehmen usw. Dadurch erweitert sich der eigene Horizont ganz beträchtlich und ebenso auch
das Verständnis dafür, was magische Rituale alles sein können.

5. eigene Rituale: Es ist gut denkbar, daß man spätestens jetzt auch damit
beginnt, eigene Rituale zu entwerfen. Zunächst werden traditionelle Ritual-
Teile miteinander kombiniert, dann durch eigene Texte sowie durch überlie-
ferte Texte, die man für spezielle Anwendungen umgeschrieben hat, ergänzt,
und schließlich Rituale ganz neu entworfen. Ab diesem Zeitpunkt entwickelt
man ein immer klareres Gespür für den Aufbau, die Dynamik und die Effektivität eines Rituals.

6. <u>Komplexität</u>: Die Kenntnis verschiedener Möglichkeiten, Stile und Traditionen führt in vielen Fällen dazu, daß immer komplexere Rituale entworfen werden, die alle Elemente enthalten, die zu einem Thema gehören. Dadurch werden diese Elemente miteinander verglichen, ihr Verhältnis zueinander überprüft, ihre sinnvollste Kombination analysiert usw. Auf diese Weise entsteht eine zunehmende Sachkenntnis des gesamten Ritual-Bereichs und seiner Möglichkeiten. Die Rituale selber werden dadurch zu großen Mandalas, prachtvollen Zeremonien und detailreichen Magie-Zeremonien.

7. <u>eigener Stil</u>: Durch die Beschäftigung mit verschiedenen Traditionen und durch das Entwerfen von komplexen Ritualen werden auch die eigenen Vorlieben und Abneigung in der rituellen Magie immer deutlicher. Man erkennt, wie man was am liebsten macht, welche Art der „Magie-Lyrik" einem am besten gefällt, welche Hilfsmittel einem am meisten helfen … man entwickelt einen eigenen Stil.

8. <u>Vereinfachung der Rituale</u>: Die verschiedenen Elemente, aus denen die komplexen Rituale bestehen, werden nach einer Weile immer deutlicher faßbar – von ihrem Stil her und auch von ihrer Wirksamkeit und ihrem Verhältnis zueinander. Dadurch wird deutlicher, was man in welchem Ritual benutzen will, welche Elemente letztlich dasselbe sind, was sich als am effektivsten erwiesen hat usw. Dadurch werden die Rituale nun wieder zunehmend schlichter.

Der Lehrling lernt alles kennen, der Geselle kann daraus eine sinnvolle Vielfalt erschaffen, und der Meister kann den schlichten und effektiven Entwurf erschaffen.

9. <u>Schrumpfen der Rituale zu einfachen Gesten</u>: Mit zunehmender Übung in den schlichteren Ritualen wird die Konzentration und die Imagination immer unabhängiger von den Ritualen. Dadurch schrumpfen die Rituale immer weiter und werden zu wenigen Worten und Gesten – das Ritual läuft zunehmend nur noch im Bewußtsein ab.

10. <u>Schrumpfung der Gesten zu Wünschen</u>: Schließlich wird aus den wenigen Worten und Gesten eine innere „Magie-Haltung", die ganz ohne Worte und Gesten auskommt – die Magie wird zu einem entspannten und mühelosen Wünschen.

VII   Beispiele

Der Aufbau und die Dynamik von Ritualen läßt sich am einfachsten anhand von einigen Beispielen erklären. Dabei ist es naturgemäß am hilfreichsten, Beispiele aus verschiedenen Traditionen zu benutzen.

VII 1.   Horus-Ritual

Im Alten Ägypten gab es in fast jedem Dorf eine kleine Statue des Harpokrates („Horus das Kind"). Er stand mit seinen Füßen auf einem Skorpion, einer Schlange und einem Krokodil. Unter dem Gott und den drei Tieren verlief an dem Statuensockel eine Rinne mit einem Ausguß.

Wenn jemand von einem Skorpion oder einer Schlange gebissen worden war, ging man zu dieser Statue, goß Wasser über sie und fing das Wasser, das über das Horus-Kind in die Rinne geflossen war, dann an dem Ausguß wieder auf. Dieses Wasser gab man dann dem Gebissenen zu trinken.

Dieses schlichte Heilungsritual bezieht sich darauf, daß Isis, die Mutter des Horus, in den Mythen den Horus einst von einem Skorpion-Biß geheilt hat.

Dadurch, daß der Gebissene das Wasser trank, das über die Horus-Statue geflossen war, wurde die Heilung des Horus durch Isis auch auf ihn übertragen. Dies ist eine schlichte Form eines Rituals, das auf der Analogie-Magie beruht.

VII 2.   Schädelschalen-Magie

In dem Horus-Ritual findet sich auch das Prinzip, daß Kontakt verbindet – also eine Form der Assoziations-Magie ist. Der Kontakt besteht darin, daß Wasser über die Statue fließt.

Diese Form des schlichten Rituals ist auch von den Christen übernommen worden. Bis ins Mittelalter hinein war es üblich, den Segen eines Heiligen dadurch zu erlangen, daß man zu seiner Schädel-Reliquie pilgerte und aus seinem Schädel trank. Dadurch erhielt man die Verbindung zu diesem Heiligen.

Da jeder Heilige aufgrund seiner Biographie mit bestimmten Wundern assoziiert war, konnte man sich aussuchen, welcher Heilige für das eigene Problem zuständig war und dann aus dessen Schädel trinken.

Diese Tradition findet sich auch bei den Germanen und in Tibet. Sie ist einst vermutlich recht weit verbreitet gewesen.

VII 3. Kriegstanz

In den traditionellen afrikanischen Tänzen gibt es einen speziellen Ritual-Leiter: den Masterdrummer. Viele rituelle Tänze bestehen aus ca. einem Dutzend verschiedener Schrittfolgen, die alle gleich lang sind, z.B. acht 4/4-Takte lang. Zu diesen Schrittfolgen gehören jeweils bestimmte Drehungen, Sprünge, Gesten, Gesänge, Wechselgesänge, Rufe usw.

Der Masterdrummer hat die Aufgabe zu sehen, wann die Tänzer und Tänzerinnen mit der aktuellen Tanzsequenz das erreicht haben, wozu sie gedacht ist: die Konzentration sammeln, die Ahnen herbeirufen, eine Spannung aufbauen usw. Wenn das erreicht worden ist, leitet der Masterdrummer zu dem nächsten Tanz-Motiv über. Dafür gibt es ein einfaches System der Kommunikation zwischen dem Masterdrummer, den anderen Trommlern und den Tänzern:

Bei den meisten traditionellen Tänzen haben alle Bewegungsfolgen in einem Tanz dieselbe Länge, sie sind also z.B. alle acht Takte lang. Zu jeder dieser Bewegungsfolgen gehört ein bestimmter Trommelrhythmus, der sich von dem Rhythmus der anderen Bewegungsfolgen unterscheidet. Insbesondere der Teil, den der Masterdrummer bei jeder Bewegungsfolge trommelt, ist leicht unterscheidbar.

Wenn der Masterdrummer sieht, daß eine Bewegungsfolge ausreichend lange getanzt worden ist, wechselt er zu Beginn einer Bewegungsfolge in den Trommel-Rhythmus des Teiles, der als nächstes folgen soll. Die anderen Trommler und die Tänzer hören die Veränderung im Rhythmus und wissen, welche Bewegungsfolge und welcher Trommelrhythmus als nächstes kommen soll. Dabei wird die Bewegungsfolge, zu deren Beginn der Masterdrummer den Rhythmus gewechselt hat, zunächst noch von den anderen Trommlern in der bisherigen Weise weitergetrommelt und von den Tänzern auch in der bisherigen Weise getanzt. Acht Takte lang trommelt der Masterdrummer also schon den Takt der nächsten Bewegungssequenz. Zu Beginn der nächsten Bewegungsfolge wechseln dann alle zu der neue Bewegungsfolge, die der Masterdrummer durch seinen veränderten Rhythmus zu Beginn der letzten Bewegungsfolge angekündigt hat.

Auf diese Weise hat der Masterdrummer die Möglichkeit, die Lebenskraft zu leiten – wenn er z.B. sieht, daß die Tänzer in einem Kriegstanz die Bewegungsfolge, die der Zentrierung in sich selber dient, so lange getanzt haben, daß die meisten Tänzer gut zentriert und geerdet sind, kann er zu der Bewegungsfolge, die den Angriff darstellt, übergehen.

In dem ersten Jahr, in dem ich bei Papafiu afrikanischen Tanz gelernt habe, haben wir einen Kriegstanz eingeübt. Das war ziemlich anstrengend – Sprünge, Kreisen um sich selber, komplexe Armbewegungen, mit einem Holzschwert zuschlagen, Wechsel-Rufe zwischen Papafiu und uns, Anrufungen des

Häuptlings Odessu, der einst nach einem Sieg die Kraft dieses Sieges in diesen Tanz gelegt hat ... und dann auch noch aufpassen, daß man niemand anderem auf die Füße tritt oder ihn ausversehen mit dem Holzschwert erwischt ...

Wieso haben die Ewe, zu denen die Kalifis und Papafiu gehören, vor ihren Kriegen nur solch einen Kriegstanz gemacht? Danach war man doch völlig erschöpft! Und dann konnten die anderen kommen und die vom Tanz völlig erschöpften Krieger einsammeln – wenn sie selber vernünftig genug waren, nicht zu tanzen ...

Komischerweise kannten auch die Griechen und die Indianer und noch andere Völker Kriegstänze – eigentlich konnte es doch nicht sein, daß sich parallel bei verschiedenen Völkern dasselbe unsinnige Verhalten entwickelt hat oder daß sich ein uraltes unsinniges Verhalten so lange gehalten hat, daß man es selbst noch in der historischen Zeit bei verschiedenen Völkern wiederfinden kann ...

Die Antwort auf diese Frage kam unerwarteterweise aus dem Finanzamt Bonn-Außenstadt, in dessen Archiv und Vordrucklager ich damals gearbeitet habe. Der Vorsteher des Finanzamtes hatte wieder einmal eine Verordnung erlassen, die ich schlichtweg unmenschlich fand und die nur dazu gut sein konnte, die Autorität des Vorstehers noch weiter zu festigen und die Angst seiner Untergebenen vor ihm zu schüren (er hat sich nach seiner Pensionierung bei den Abteilungsleitern für sein Verhalten entschuldigt).

Am Abend bin ich vom Finanzamt zum afrikanischen Tanz gegangen und war dabei noch ziemlich wütend über den Vorsteher – was sonst eigentlich gar nicht meine Art ist. Als wir uns auf den Tanz vorbereitet haben, habe ich da gestanden und an den Vorsteher gedacht und meine Fäuste geballt und innerlich gedacht „So, Herr Vorsteher! Mich kriegst Du nicht klein! Nun wollen wir mal sehen, wer der Stärkere von uns beiden ist!"

Die Wirkung dieses Entschlusses auf den Kriegstanz war erstaunlich. Auf einmal mußte ich nicht mehr auf meine Haltung, meine Gestik, meine Mimik, die Lautstärke meiner Stimme beim Anrufen des Häuptlings Odessu und ähnliche Dinge achten – all diese Dinge kamen wie von selber aus meinem Entschluß, dem Vorsteher des Finanzamtes die Zähne zu zeigen. Es war Spannung in meinen Bewegungen, mein Stampfen war kriegerisch, ich habe mit dem Schwert richtig zugeschlagen, meine Stimme war nicht zu überhören ... und ich habe keinerlei Anstrengung gespürt, sondern stattdessen immer mehr Kraft bekommen – Odessu hat mir die Kraft seines Tanzes gesandt.

Als der Tanz zuende war, wollte ich gar nicht wieder aufhören und habe noch kurz alleine weitergetanzt. Ich glaube, der Vorsteher wäre nach diesem Tanz schon vor meinem bloßen Blick zurückgewichen.

Bei diesem Tanz habe ich sehr viel begriffen: Wenn man etwas tut, das man nicht will, verliert man Kraft – wenn man etwas tut, was man will, erhält man Kraft. Deshalb sollte man nur die Dinge tun, die man aus dem eigenen Herzen heraus tun will – und man sollte keine Dinge unterlassen, die man aus seinem Herzen heraus tun will. Dann lebt man wirklich und ist das, was man ist, und tut das, was man will.

Dieser Kriegstanz ist die ganze Zeit über ein perfektes Ritual gewesen – es hat sogar das „gewisse Etwas" enthalten: die Kraft des einstigen Sieges, die von dem Häuptling Odessu in dieses Ritual gebannt worden war.

Das, was jedoch für das Funktionieren des Rituals gefehlt hatte, war meine Motivation, genau dieses Ritual durchzuführen – diese Motivation habe ich erst durch den Streit mit dem Finanzamts-Vorsteher erhalten. Da haben mein Tanzlehrer Papafiu und der Vorsteher des Finanzamtes in perfekter Weise „zusammengearbeitet", um mir die sinnvolle Lebenshaltung und das Wesen von Ritualen deutlich zu machen …

Die Bewegungssequenzen bei diesem recht langen Kriegstanz des Ewe-Häuplings Odessu haben in etwa die folgende Bedeutung:

- Der Masterdrummer ruft alle Tänzer herbei.
- Die Tänzer richten sich auf den Masterdrummer aus.
- Die Erde durch Stampfen rufen; sich erden.
- Sich Raum schaffen: weite Schritte; die Männer schwingen die Schwerter, die Frauen die Zauberstäbe mit Pferdeschweif.
- Kraft rufen und zeigen: Sprünge.
- Wechselgesang mit dem Masterdrummer.
- Anrufen des Ewe-Häuptlings Odessu, der einst nach einem gewonnen Kampf die Kraft dieses Sieges in diesen Tanz gelegt hat.
- Die Tänzer stehen still und schauen auf den Masterdrummer, der den Tänzer mehrmals etwas zuruft, worauf diese mit immer demselben Satz antworten: Kampfbereitschaft.
- Aufbruch zum Kampf.
- Der Kampf selber.
- Sieg.
- Rückkehr.

VII 4.   Schwitzhütten

Die Schwitzhütte ist das älteste bekannte Ritual. Es ist vor ungefähr 600.000 Jahren entstanden, als sich die damaligen Menschen in Nordeurasien durch den Bau beheizter Hütten gegen die Kälte der Eiszeit schützen mußten.

Eine Schwitzhütte ist eine Halbkugel aus Ästen und Fellen bzw. Decken, in der man nackt um das Loch in der Mitte des Bodens der Hütte, in der sich glühende Steine befinden, sitzt und die Ahnen und die Tiergeister durch Gesänge ruft. Die heutigen Saunas und Thermen sind von der Schwitzhütte abgeleitet worden, wobei alle magisch-spirituellen Aspekte verlorengegangen sind.

Bei der am weitesten verbreiteten Schwitzhütten-Tradition haben die sieben Richtungen die unten aufgeführte Bedeutung:

- Osten: Adler   = Weitsicht, Klarheit
- Norden: Bär   = Eigenständigkeit
- Westen: Schlange   = Detail, Lebenskraft, Kundalini
- Süden: Büffelfrau   = Gemeinschaft, Geborgenheit
- oben: Großvater Himmel   = Verantwortung
- unten: Großmutter Erde   = Vertrauen
- Mitte: Wakan tanka   = das Große Geheimnis

Die heutigen Schwitzhütten-Zeremonien haben in etwa (ohne die vielen Details) den folgenden Ablauf:

- der „Wasseraufgießer" leitet die Zeremonie
- Entzünden des Feuers, in dem Steine liegen
- Aufbau der Hütte
- Reinigen der Hütte und der Teilnehmer mit Salbei-Rauch
- Betreten der Hütte

1. Runde
- der „Feuermann" trägt glühende Steine in das Loch in der Mitte der Hütte
- der „Wasseraufgießer" gießt Wasser über die glühenden Steine
- Gesang – Anrufung der Geister – Gesang

2. Runde
- der „Feuermann" holt weitere glühende Steine
- der „Wasseraufgießer" gießt Wasser über die glühenden Steine
- Gesang – gemeinsame Meditation o.ä. – Gesang

3. Runde
- der „Feuermann" holt weitere glühende Steine
- der „Wasseraufgießer" gießt Wasser über die glühenden Steine
- Gesang – Gespräch reihum mit den Geistern (Bitten, Dank u.ä.) – Gesang

4. Runde
- der „Feuermann" holt weitere glühende Steine
- der „Wasseraufgießer" gießt Wasser über die glühenden Steine
- Gesang – Dank an die Geister – Gesang

- Verlassen der Hütte

Als zentrales Thema, daß sich durch die gesamte Zeremonie zieht, kann der Wasseraufgießer die verschiedensten Dinge auswählen. Dazu gehören z.B. Heilungen, Bitten um Frieden in der Welt, der Ergänzungs-Gegensatz der Instinkthaftigkeit der Schlange und der Klarheit des Adlers, der Ergänzungs-Gegensatz zwischen der Eigenständigkeit des Bären und dem Gemeinschaftssinn der Büffelfrau, der Ergänzungs-Gegensatz zwischen der Verantwortung des Großvaters und dem Vertrauen der Großmutter usw. Es gibt fast unbegrenzt viele Möglichkeiten.

Es gibt auch viele verschiedene einzelne Elemente, die in der Schwitzhütte verwendet werden können: Der Wasseraufgießer kann den Menschen in der Schwitzhütte z.B. vorschlagen, in ihrer Vorstellung durch das Loch mit den glühenden Steine in die Erde hinab zu reisen und zu schauen, was sie dort finden. Er kann sie auch auffordern, den Bären im Norden zu bitten, ihnen das zu zeigen, was für sie am wichtigsten ist. Er kann auch die glühenden Steine als Symbol für das gemeinschaftliche Wurzelchakra der Menschen in der Schwitzhütte nehmen und die von den Steinen aufsteigende Hitze als die aufsteigende Kundalini.

Das Thema, das jedoch bei allen Varianten der Zeremonie im Hintergrund steht, ist die Geborgenheit in der Muttergöttin – in der Schwitzhütte die Büffelfrau im Süden und Großmutter Erde.

VII 5. Kabbalistisches Kreuz

Das kabbalistische Kreuz hat mehrere Funktionen: Es ist ein Segenszeichen, ein Schutzzeichen und es kann in Ritualen sozusagen als Satzzeichen, also als Punkt, Komma und Semikolon benutzt werden, um einzelne Ritual-Teile voneinander abzugrenzen.

Das kabbalistische Kreuz bezieht sich auf die Sephiroth (Bereiche) des kabbalistischen Lebensbaumes.

das kabbalistische Kreuz		
Worte (aramäisch)	*Übersetzung*	*Geste*
Ateh	Dein ist	die linke Hand kommt von oben herab und berührt mit den Fingerspitzen die Stirn
Malkuth	das Reich	die Hand zieht die Linie, die über dem Kopf begann, weiter hinab, bis die Hand zu einem Punkt unter den Füßen weist und somit den senkrechten Balken kennzeichnet
ve-Geburah	und die Kraft	die Fingerspitzen berühren die rechte Schulter
ve-Gedulah	und die Herrlichkeit	die Fingerspitzen gehen hinüber zur linken Schulter und berühren sie und ziehen dadurch den Querbalken des Kreuzes
le-Olam, Amen.	in Ewigkeit, Amen.	beide Hände werden vor der Brust gefaltet und dadurch symbolisch beide Balken miteinander verbunden, wobei man an dem Kreuzungspunkt eine rote Rose imaginieren kann

VII 6. Kleines Pentagramm-Ritual

Dieses Ritual stellt zum einen einen Schutzraum her und zum anderen lädt es diesen Raum mit Lebenskraft auf. Es läßt sich daher in der Magie vielseitig anwenden.
Es ist wie folgt aufgebaut:

- Kabbalistisches Kreuz: Zentrierung
- Kreis: Schutz
- Pentagramme: Schutz, Anrufung der Elemente
- Erzengel-Anrufung: Anrufung der Elemente
- Kabbalistisches Kreuz: Zentrierung

1. Kabbalistisches Kreuz: *„Ateh Malkuth ve-Geburah ve-Gedulah le-Olam Amen. "*

2. Mit dem Zeige- und Mittelfinger der rechten Hand das Zeichnen des Kreises auf dem Boden andeuten und dabei den Kreis imaginieren – zweimal wiederholen; dabei wird der Kreis dabei jedesmal deutlicher.

3. Ziehe mit der Hand (Geste und Imagination) das östliche Pentagramm (ein aufrechtes Pentagramm, das mit einer Spitze nach oben und mit zwei Spitzen nach unten weist; man beginnt von links unten nach oben Mitte, weiter nach rechts unten, nach links Mitte, waagerecht nach rechts Mitte, nach links unten). Halte die Hand in die Mitte des imaginierten Pentagramms und singe: *„ Yod-He-Vau-He"* (Element Luft);

4. Ziehe auf dieselbe Weise das südliche Pentagramm und singe *„Adonai"* (Element Feuer).

5. Ziehe auf dieselbe Weise das westliche Pentagramm und singe *„Eheieh"* (Element Wasser).

6. Ziehe auf dieselbe Weise das nördliche Pentagramm und singe *„Agla"* (Element Erde).

7. Stehe in Kreuzhaltung (Arme nach beiden Seiten ausgestreckt) mit dem Blick nach Osten und sprich und imaginiere:
„Vor mir Raphael (gelb-violetter Erzengel der Luft, hält ein Schwert, im Hintergrund Wolken),
hinter mir Gabriel (blau-oranger Erzengel des Wassers, hält einen Kelch, im Hintergrund das Meer),
zu meiner rechten Hand Michael (rot-grüner Erzengel des Feuers, hält einen Stab, im Hintergrund Flammen),
zu meiner linken Hand Auriel (zitronengelb-olivgrün-rotbraun-schwarzer Erzengel der Erde, hält eine Münze, im Hintergrund Felder, Weiden und Wälder),
ich stehe inmitten des Kreises (die Imagination des Kreises verstärken)
und über mir flammt der sechsstrahlige Stern (Hexagramm = Symbol der sieben Planeten mit der Sonne im Zentrum). "

8. Kabbalistisches Kreuz: *„Ateh Malkuth ve-Geburah ve-Gedulah le-Olam Amen. "*

VII 7. Erweiterung des Kleinen Pentagramm-Rituals

Wenn man das Bedürfnis hat, den Ritual-Ort noch stärker zu schützen, kann man an das Pentagramm-Ritual noch die folgenden vier Punkte anhängen:

1. Imaginiere den Ritualort als Insel und versprühe (evtl. nur imaginativ) am Kreisrand, während Du im Uhrzeigersinn an ihm entlanggehst, Wasser, und sprich: *„So muß deshalb der Priester, der die Arbeiten des Feuers beherrscht, das Weihwasser des lautbrandenden Meeres versprühen."*

2. Imaginiere eine Waberlohe entlang des Randes der Insel, gehe dabei am Rand der Insel mit einem brennenden Räucherstäbchen (Symbol des Feuers) entlang und sprich: *„Und wenn Du, nachdem alle Phantome geflohen sind, das heilige Feuer siehst, das Feuer, das durch die Tiefen des Universums blitzt und flammt, höre dann die Stimme des Feuers!"*

3. *Imaginiere eine Lichtsäule (Mittlere Säule) in der Mitte der Insel und sprich:* *„Heilig seid Ihr, Herr des Universums! Heilig seid Ihr, den die Natur nicht erschaffen hat! Heilig seid Ihr, der Eine-Alles-Einzige!"*

4. Kabbalistisches Kreuz: *„Ateh Malkuth ve-Geburah ve-Gedulah le-Olam Amen."*

Die Symbolik dieser Erweiterung ist die Identifizierung des Ritual-Ortes mit der Ur-Insel, die in vielen Mythen am Anfang der Zeit aus den Wassern aufgestiegen ist. In der Bibel ist daraus das Trennen von Wasser und Erde durch Gott geworden.

Das Feuer ist eine Waberlohe, also das Jenseitstor. Es ist auch das Feuer, in dem der Phönix am Morgen wiedergeboren wird. Auch hier ist das Feuer das Jenseitstor und zugleich das Morgenrot. Der Phönix und der ihm entsprechende Feuervogel aus der slawischen Mythologie ist der Seelenvogel der Sonne, der Morgens im Feuer des Morgenrots wiedergeboren wird. Die Waberlohe ist ebenso das Ritual-Feuer des Agni, mit dem früher in Indien jedes Ritual eröffnet worden ist.

Die Texte dieser Erweiterung stammen aus den Mysterienkulten. Diese Erweiterung ist wie das Kleine Pentagramm-Ritual selber auch vom Golden Dawn entworfen worden.

Im Original steht am Ende nicht „der Eine-Alles-Einzige", sondern „Herr des Lichtes und der Finsternis". Da mir diese polare Sichtweise (die im persischen Zend-Avesta sehr prägend ist) nicht so recht zusagt, habe ich diesen Begriff für „Gott" durch einen anderen ersetzt, der meine eigene Sichtweise besser beschreibt.

VII 8. Großes Pentagramm-Ritual

Dieses Ritual ist eine Erweiterung des Kleinen Pentagramm-Riuals. Der Teil, der erweitert wird, sind die vier Pentagramme. In diesem Ritual wird nicht in jeder Richtung dasselbe Pentagramm gezogen, sondern die speziellen Pentagramme, die zu den jeweiligen Elementen gehören. Zuvor wird jeweils das Pentagramm der Quintessenz („Geist") gezogen, die die Mitte des Elemente-Mandalas und die Quelle der vier Elemente ist. Anschließend an diese zwei Pentagramme, die man nacheinander in der betreffenden Richtung zieht und imaginiert, grüßt man das jeweilige Element mit einer bestimmte Geste.

Dieses Ritual ist komplexer, da in ihm verschiedene Arten, die Pentagramme zu ziehen, benutzt werden und da deutlich mehr verschiedene Anrufungs-Namen verwendet werden. Dieses Ritual ist jedoch deutlich kraftvoller als das Kleine Pentagramm-Ritual. Das Kleine Pentagramm-Ritual ist schwerpunktmäßig ein Schutz-Ritual; das Große Pentagramm-Ritual ist vor allem eine Anrufung der vier Elemente.

Wenn man einmal zwei Wochen lang Morgens, Mittags und Abends dieses Ritual durchführt, wird man derart „aufgeladen", daß das eine ähnliche Wirkung wie Kundalini-Yoga haben kann: Alles Verborgene in der Psyche ist so mit Lebenskraft aufgeladen, daß es sich bewegt und sichtbar, d.h. bewußt wird.

VII 9. Planeten-Hexagramme

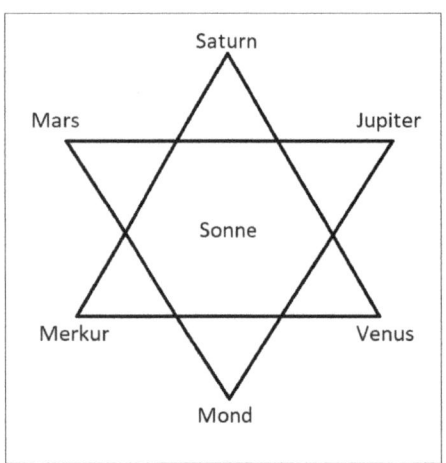

Die Pentagramme beziehen sich auf die vier Elemente und die Quintessenz, die Hexagramme hingegen auf die sieben klassischen Planeten.

Die Planeten sind den Spitzen und der Mitte des Hexagramms zugeordnet – siehe die Graphik links. Genau dieselbe Anordnung der Planeten findet sich auch auf dem kabbalistischen Lebensbaum.

Die Verwendung dieser Hexagramme im Ritual ist einfach: Mit ihnen können die Planeten-Qualitäten gerufen werden.

Um die Wirkung der Hexgramme kennenzulernen kann man ein einfaches Ritual benutzen: Das Hexagramm wird nacheinander im Osten, Süden, Westen, Norden, unten, oben und dann dreimal in der Mitte gezogen, wobei man die dazugehörigen Namen singt.

Mit dem Ziehen des ersten der beiden Dreiecke, aus dem das Hexagramm besteht, beginnt man stets bei der Spitze des Planeten, um den es geht – bei dem Mond also unten. Bei der Sonne, die im Zentrum steht, ist der Anfangspunkt egal.

Mit dem Ziehen des zweiten Hexagramms beginnt man an dem gegenüberliegen Punkt – bei dem Mond also oben.

Wenn man die Planetenkraft rufen will, zieht man die beiden Dreiecke des Hexagramms im Uhrzeigersinn; wenn man sie bannen will, gegen den Uhrzeigersinn.

Als drittes zieht man das Planetensymbol in der wabenförmigen Fläche in der Mitte des Hexagramms.

Dabei werden die folgenden Namen gesungen:

Mond:	1. Schaddai	2. el-Chai	3. Ararita
Merkur:	1. Elohim	2. Tzabaoth	3. Ararita
Venus:	1. Jehova	2. Tzabaoth	3. Ararita
Sonne:	1. Jehova	2. Eloah va-Da'ath	3. Ararita
Mars:	1. Elohim	2. Gibor	3. Ararita
Jupiter:	1./2. El		3. Ararita
Saturn:	1. Jehova	2. Elohim	3. Ararita

Diese Planeten-Hexagramme kann man in vielen verschiedenen Ritualen benutzen, um die Kraft und die Qualität der betreffenden Planeten zu rufen und sie in das Ritual miteinfließen zu lassen.

VII 10. Talisman-Weihung

Eine Talisman-Weihung kann man auf viele verschiedene Arten durchführen. Das folgende ist eine einfache, allgemeine Methode, die man für so gut wie alle Weihungen anwenden kann:

1. Kleines Pentagramm-Ritual

2. Anrufung des passenden Elementes
3. Lenken der Kraft des Elementes in den Talisman
4. Aussprechen der Bestimmung (Aufgabe) des Talisman als Feststellung des erreichten Zieles, z.B. „Ich bin gesund."

5. Anrufung des passenden Planeten
6. Lenken der Kraft des Planeten in den Talisman
7. Aussprechen der Bestimmung (Aufgabe) des Talisman als Feststellung

8. Anrufung der passenden Gottheit
9. Bitte an die Gottheit, Kraft in den Talisman zu leiten
10. Aussprechen der Bestimmung (Aufgabe) des Talisman als Feststellung

11. Kleines Pentagramm-Ritual

VII 11. Schlangenringe

Man kann auch deutlich individuellere Weihungen vornehmen. Die folgende Methode habe ich benutzt, als ich noch als „Zauberlehrling" einmal dreizehn magische Ringe hergestellt, d.h. geschmiedet und geweiht habe.

- Schreiben einer Anrufung der Kraft der Schlangen und der Drachen als Lied mit Versmaß, Endreim, Refrain usw.
- Singen dieser Anrufungen beim Schmieden der Ringe
- Imaginieren der Schlangenkraft in den Ringen
- Analogie des Schmiedens der Ringe zu einer Schwangerschaft
- alle Arbeitsgänge werden an den Vollmonden in den neun Monaten dieser „Schwangerschaft" durchgeführt
- an jedem Vollmond wird für alle Ringe dasselbe gemacht: Zeichnen der Teile, die ausgesägt werden müssen, auf das Silber; Aussägen; die Silberstreifen zu einem Ring zusammenschweißen; die Feilen, Aufsetzen der Fassung für den Edelstein auf dem Kopf der Schlangen; Polieren der Schlangen usw.
- Beginn der Schmiedearbeiten an Ostern, damit die „Geburt" der Schlangen an dem Vollmond in der Nähe der Julnacht erfolgen kann, die in den Mythen der Zeitpunkt der Wiedergeburt der Sonne ist

Diese Ringe waren sehr kraftvoll. Allerdings hatte ich zuvor weder meine Motivation noch die Symbolik gründlich geprüft, sodaß diese Ringe letztlich nur ein großes Chaos verursacht haben.

Die Ähnlichkeit dieser Ringe und ihrer Herstellung mit den magischen Ringen aus dem „Herrn der Ringe" habe ich dabei vollkommen übersehen …

Ich hätte die Wirkung der Ringe auch noch dadurch verstärken können, indem ich sie an jedem Vollmond mit einem homöopathischen Schlangen-Heilmittel in der Potenz C200 eingerieben hätte – vorzugsweise ein Kobra-Mittel, da die Kobra in Indien und im Alten Ägypten die Kundalini dargestellt hat. Vielleicht wäre es auch noch effektiver gewesen, mit der höchsten Potenz zu beginnen und dann zu einer immer niedrigeren Potenz überzugehen.

Doch damals habe ich noch nicht viel über die Homöopathie gewußt – was vielleicht auch ganz gut so gewesen ist, weil die Kraft der Ringe sonst vielleicht noch größer geworden wäre …

VII 12.   Mittlere Säule

Dieses Ritual verbindet mit Gott und ruft einen Segen von ihm herab. Es läßt sich sehr vielseitig als Teil komplexerer Rituale einsetzen – z.B. als Zentrierung, Stärkung und Schutz. Es verstärkt auch die Wirkung vieler Übungen wie der Kundalini-Erweckung, der Buchstaben-Übungen u.ä. Auch die Wirkung von Drogen wird durch diese Übung gesteigert.

1. Einige Handbreit über dem Kopf wird Kether als gleißend weiße Kugel imaginiert und dabei der Gottesname von Kether intoniert, also auf einem gleichbleibenden Ton möglichst vollklingend und im Idealfall mit Obertönen und dem natürlichen Vibrato der Stimme gesungen: „Eheieh".

> „Kether" und die noch folgenden vier hebräischen Namen der Sephiroth bezeichnen die fünf Bereiche auf der Mittleren Säule des kabbalistischen Lebensbaumes. Die Namen, die man dabei singt, sind die traditionellen Gottesnamen aus dem Alten Testament, die diesen Bereich bezeichnen. Diese Namen aus dem hebräischen Original des Alten Testamentes sind in der Bibel allerdings oft nicht wörtlich ins Deutsche übertragen worden, sondern einfach mit „Gott" oder „Jahwe" übersetzt worden.
> Dieses Singen hat Ähnlichkeit mit der Gregorianik und mit der indischen

und tibetischen Art, Mantren zu singen. Diese Art der Intonation von „Heiligen Worten" findet sich bei fast allen Völkern – so priesen z.B. die altägytischen Magier ihre Texte in den Papyri als „gut singbare Zauber-sprüche" an und in den germanischen Mythen und Sagen wird immer wieder erwähnt, daß Dinge geweiht, also mit magischer Kraft aufgeladen werden, indem man in sie hineinsingt („Er sang Runen in das Schwert."; „Er sang Runen in den Vordersteven des Drachenbootes.") Es genügt aber für den Anfang durchaus, die Gottesnamen einfach möglichst klangvoll zu singen.

2. Auf dem Scheitel, also am Sitz des Kronenchakras, wird Da'ath als in den Farben des Regenbogens strahlende Kugel imaginiert und dabei der Gottesname Da'aths intoniert: *„Yod-He-Vau-He Elohim"*.

3. In der Mitte der Brust, also am Sitz des Herzchakras, wird Tiphareth als goldgelb leuchtende Kugel imaginiert und der Gottesname Tiphareths intoniert: „Yod-He-Vau-He Eloha va-Daath".

4. Um die Genitalien herum, also am Sitz des Wurzelchakras und somit der Kundalini-Schlange, wird Yesod als violett glühende Kugel imaginiert und dabei der Gottesname Yesods intoniert: *„Schaddai el-Chai"*.

5. Unter den Füßen, also in der Erde, wird Malkuth als braune Kugel imaginiert und der Gottesname Malkuths intoniert: *„Adonai ha-Aretz"*.

In der folgenden Tabelle sind die Bereiche, die Sephiroth, die Farben, die Orte und die Gottesnamen noch einmal zusammengestellt:

Bereich	Sephirah	Farbe	Ort	Gottesname
Einheit (Gott)	Kether	weiß	Himmel	*Eheieh*
abgrenzungsloser Bereich	Da'ath	Regenbogen-farben	Scheitel-chakra	*Yod-He-Vau-He Elohim*
abgegrenzter Bereich	Tiphareth	golden	Herzchakra	*Yod-He-Vau-He Eloh va-Daath*
interner Bereich	Yesod	violett	Wurzel-chakra	*Schaddai el-Chai*
Vielheit (Welt)	Malkuth	braun	Erde	*Adonai ha-Aretz*

VII 13. Isis-Anrufung

Man kann Anrufungen auf dieselbe Weise aufbauen wie die bereits beschriebene Talisman-Weihung. Eine Isis-Anrufung sähe dann wie folgt aus:

1. Kleines Pentagramm-Ritual

2. Anrufung des Wassers
3. Erfüllen des Raumes mit dem Element Wasser
4. sich mit dem Wasser verbinden

5. Anrufung des Mondes
6. Erfüllen des Raumes mit der Qualität des Mondes
7. sich „mit Mondlicht erfüllen"

8. Anrufung der Isis
9. Gespräch mit Isis
10. Invokation der Isis

11. Kleines Pentagramm-Ritual

In diesem Ritual kann man Symbole wie das Ankh („Leben"), die Haltung der Isis (aus ihren Darstellungen in Ägypten), kleine Traumreisen innerhalb des Rituals, Original-Anrufungen z.B aus dem Isis-Tempel in Philae usw. verwenden.

VII 14. Integration des Schattens

Der Schatten ist der Teil der eigenen Psyche, der als Bedürfnis und Fähigkeit zwar vorhanden ist, aber nicht entwickelt oder gar verdrängt worden ist.

Als Grundlage kann man für die Integration dieses Schattens verschiedene Symboliken benutzen. Eine von ihnen ist das Konzept der Sephiroth und der Qlippoth in der Kabbala. Die Sephiroth stellen die Eigenschaften Gottes dar, die Qlippoth deren Schattenseiten oder die Abweichungen von ihnen – man könnte auch sagen, daß die Sephiroth die Anatomie Gottes sind und die Qlippoth die Anatomie des Teufels.

Die Deutung der Qlippoth hängt sehr stark von der eigenen Weltsicht ab. Eine Möglichkeit ist es, sie als eine differenzierte Darstellung der möglichen Formen des Schattens anzusehen.

Die elf Sephiroth bzw. Qlippoth stellen die gesamte Welt dar: den Körper, die Psyche (Unterbewußtsein, Denken, Fühlen), die Seele, die Gottheiten und den Einen Gott. Daher umfassen die Qlippoth auch alle möglichen Abweichungen vom heilen Zustand bzw. alle denkbaren Arten des Schattens.

Auf dieser Grundlage läßt sich ein Ritual zur Integration des Schattens entwerfen:

- Kleines Pentagramm-Ritual
- Bitte an die eigene Seele um Hilfe und Führung bei dem Ritual

- die Anrufung der elf Sephiroth (jede erhält einen Platz im Tempel in der Anordnung der Sephiroth auf dem Lebensbaum)
- die Anrufung der elf Qlippoth (jede erhält einen Platz im Tempel in der Anordnung der Qlippoth auf dem Lebensbaum)

- nacheinander werden die paarweise zusammengehörenden Sephiroth und Qlippoth zusammengebracht (symbolisch durch Zusammenstellen der Symbole o.ä.)
- Betrachten der Qualität, die bei der Begegnung von Sephiroth und Qlippoth geschieht (evtl. eine kurze Traumreise)

- evtl. Entschlüsse zu einer neuen, integrierteren Lebensweise
- Dank an die eigene Seele
- Kleines Pentagramm-Ritual

VII 15. Beziehungs-Mandala

Das Beziehungs-Mandala beruht auf einer schlichten inneren Dynamik, die sich aus dem Aufbau der Psyche ergibt:

- Am Anfang ist die sich inkarnierende Seele,
- dann entsteht die Psyche und
- schließlich wird das Wesen der Psyche in der Welt durch Beziehungen zu anderen Menschen in „dramatischer Form" inszeniert und erlebt.

Die Struktur, die dabei entsteht, kann man als Mandala darstellen:

- <u>innerster Kreis</u>: die Seele und ihre Absicht für ihre derzeitige Inkarnation

- <u>innerer Kreisring</u>: das männliche Spiegelbild der Seele in der Lebenskraft (innerer heiler Mann) und das weibliche Spiegelbild der Seele in der Lebenskraft (innere heile Frau)

- <u>äußerer Kreisring</u>: die jeweils zwei polarisierten Bilder von Mann und Frau, die durch heftige Erlebnisse entstanden sind
    Es gibt drei Möglichkeiten der Polarisierung:
    - Fülle   => Mangel   => Süchtiger + Asket;
    - Kraft   => Gewalt   => Täter und Opfer;
    - Selbstliebe   => Selbstzweifel   => Star und Fan

- <u>die vier Dreiecke außen</u>: die vier Rollen, die durch diese Polarisierung entstanden sind

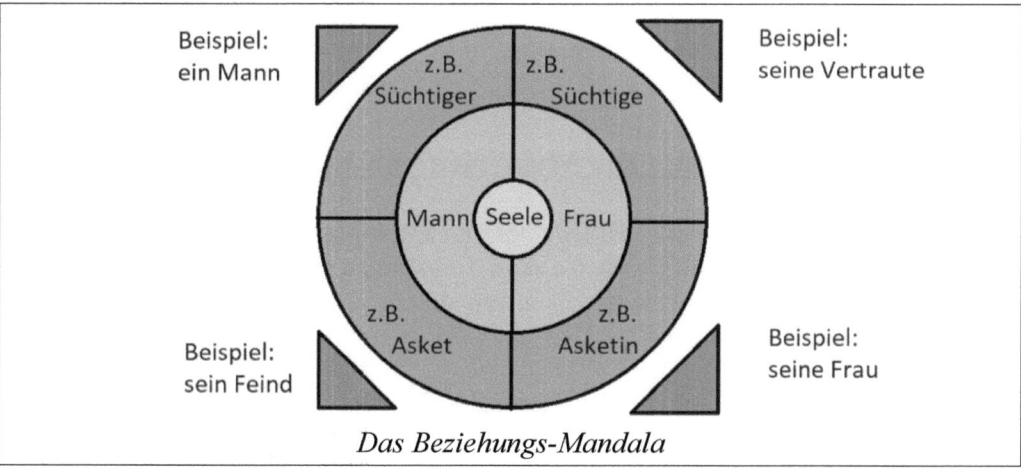

Das Beziehungs-Mandala

Eines dieser vier polarisierten Bilder (Dreiecke) lebt man selber – in diesem Beispiel den Süchtigen. Das entsprechende Frauenbild („Süchtige") wäre dann eine Freundin. Der Gegensatz dazu, also der Asket und die Asketin, haben ebenfalls bestimmte Funktionen: Der Asket die Rolle des Feindes und die Asketin die Rolle der Beziehungspartnerin.

Die Heilung des Selbstbildes und der Beziehungen umfaßt vier Schritte, die auch die Abschnitte des entsprechenden Rituals ausmachen:

1. das Erkennen der vier Rollen in dem eigenen Lebensdrama

2. das Einsicht, daß die anderen Menschen Rollen spielen, die man in sich trägt und die man ihnen zur Verfügung stellt (der Süchtige trägt in sich das Bild der Süchtigen, des Asketen und der Asketin, aber lebt selbst nur das Bild des Süchtigen – die drei anderen Bilder werden von anderen Menschen übernommen)

3. die Auflösung der beiden Polaritäten (zwei Männer-Extreme, zwei Frauen-Extreme)

4. die Vereinigung des heilen Mannes mit der heilen Frau

Dabei kann man z.B. die alchemistische Symbolik benutzen, da auch die Herstellung des Steins der Weisen auf der Vorstellung beruht, daß es am Anfang einen richtigen Zustand gegeben hat, der sich dann jedoch durch eine Polarisierung verzerrt hat, die durch die Alchemie wieder aufgelöst werden kann.

Das vollständige Ritual findet sich in meinem Buch „Das Beziehungs-Mandala".

VII 16.   Die Mysterien von Eleusis

Dieses wohl berühmteste aller Rituale hat einen komplexen Aufbau. Wie alle Mysterien ist eine rituelle Jenseitsreise, die dem Teilnehmer hilft, den Kontakt zu seiner eigenen Seele herzustellen: „Erkenne Dich selbst."

Unter der Leitung des Archon Basileus („Hochkönig" = Oberpriester) von Athen wurde zunächst der Demeter oder Persephone ein Schwein geopfert. Manchmal haben die Teilnehmer auch selber einer der beiden Göttinnen ein Ferkel geopfert. Danach reinigten sich die Priester durch ein Bad im Fluß Ilissos, um dann anschließend alle an den Mysterien teilnehmenden Personen zu reinigen.
        => Die Seele wurde in den frühen Religionen als Kind der Muttergöttin aufgefaßt.
        => Die Reinigung im Fluß hat dieselbe Symbolik wie die Taufe: einen Reise in die Wasserunterwelt, um den Kontakt zu den Göttern zu erlangen.

Die Mysterien dauerten 10 Tage. An ihnen nahmen vier Gruppen von Personen teil, wobei Männer, Frauen und auch Sklaven zugelassen waren:

1. die Priester, Priesterinnen und Hierophanten (Hohepriester);

2. die Männer und Frauen, die zum ersten Mal an der Zeremonie teilnahmen – Voraussetzung für die Teilnahme war:
   a) keinen Mord begangen zu haben,
   b) fließend Griechisch sprechen zu können,
   c) der Geheimhaltungsschwur.

3. Personen, die schon einmal an der Zeremonie teilgenommen hatten,

4. Personen, die in die Geheimnisse der Demeter eingeweiht worden waren und die Epopteia („Betrachtung") erlernt hatten.

Die Besucher, die die Feiern und insbesondere den Zug entlang der heiligen Straße begleiteten, nahmen nicht direkt an den Mysterien teil.

Die Mysterien wurden von dem Hierophanten („Enthüller der heiligen Geheimnisse") geleitet, der der oberste Priester im Tempel der Demeter in Eleusis war. Er wurde als Nachfolger des mythischen Begründers der Mysterien (Eumolpos oder Triptolemos) angesehen.

Die Handlungen bei den Mysterien liefen wie folgt ab:

Vortag: Die heilige Gegenstände der Demeter wurden zum Eleusinion-Tempel am Fuße der Akropolis gebracht.
=> Demeter ist als Muttergöttin auch die Seelenmutter.

1. Tag: Der offizielle Beginn wurde „Agyrmos" (Versammlung) genannt. Der Hierophant führte eine Opferung aus, die „Hiereia Deuro" („Bringt die Opfer herbei") genannt wurde.
=> Die Opfer werden aus den Bestattungsbräuchen stammen, in denen dem Toten, der ins Jenseits reist, ein Herdentier geopfert wurde. Auch die Einzuweihenden sind symbolisch ins Jenseits gereist.

2. Tag: Die Priester reinigten sich im Meer in Athen.
=> Dies ist vermutlich wieder die Wasserunterwelt-Symbolik.

3. Tag: Der Demeter oder der Persephone wurde ein Schwein geopfert. Danach nahm man an dem Fest des Heilers Asklepios in Epidauros teil.
=> Das Schwein hat wieder die Bestattungs- und Jenseitsreise-Symbolik.

<u>4. Tag</u>: An diesem Tag mußten die Teilnehmer der Mysterien zuhause bleiben und durften das Haus nicht verlassen. Sie stellten an diesem Tag wahrscheinlich den später benutzten rituellen Trank (Kyknos) her.

<u>5. Tag</u>: Vom Athener Friedhof Kerameikos außerhalb der Stadtmauern ausgehend zogen alle in einer Prozession den 21 km langen „Heiligen Weg" nach Eleusis: vorne die Priester, die die Tafeln des Dionysos hochhielten, und dahinter die mit Myrthenzweigen bekränzten Teilnehmer der Mysterien. An bestimmten Abschnitten der Straße, die Bacchoi genannt wurden, schwangen die Teilnehmer ihre Bacchoi-Stäbe.
> => Diese Stäbe könnten den Weltenbaum als Jenseitsweg symbolisiert haben. Er könnte auch den Penis des Bacchus dargestellt haben – dann wäre er ein Hinweis auf die Wiederzeugung, die der Wiedergeburt vorausging.

An einer festgelegten Stelle riefen die Teilnehmer obszöne Witze, weil die Magd Jambe die Göttin Demeter auf ihrer Suche nach Persephone mit einem solchen derben Scherz zum Lächeln gebracht hatte.
> => Diese Szene, die sich auch in anderen Mysterien findet, ist eine Anspielung auf die Wiederzeugung.

Während der Prozession riefen die Teilnehmer immer wieder mit „Iakche, o Iakche!" den Gott Dionysos an.
> => Da Dionysos der Gott ist, der den Weg in die Unterwelt geht, war er das Vorbild für die Einzuweihenden.

Wenn die Prozession am Iakchos-Tempel (Dionysos-Tempel) ankam, wurde aus ihm die Statue des Gottes geholt und dann in der Prozession mit nach Eleusis getragen.
Wenn die Teilnehmer die letzte Brücke auf ihrem Weg passierten, erhielten sie von einem Priester an ihre rechte Hand und ihren linken Fuß einen Faden gebunden.
> => Diese Brücke symbolisierte vermutlich den Übergang über den Jenseitsfluß Styx.
> => Der Faden könnte dann eine Entsprechung zu dem Faden sein, mit dessen Hilfe Perseus aus dem die Unterwelt symbolisierenden Labyrinth des Minotaurus auf Knossos wieder herausfand.

Bei der Ankunft im Tempel wurde die Suche der Demeter nach Persephone dadurch dargestellt, daß die Teilnehmer auf Irrwegen durch die Halle geleitet wurden und schließlich zu dem Brunnen (Tor zu der Unterwelt) kamen und dort die Höhle des Ploutons auf dem Tempelgelände (Unterweltstor) besuchten.

6. Tag: An diesem Tag fasteten die Teilnehmer in Eleusis so wie Demeter während ihrer Suche nach Persephone gefastet hatte. Abends am Ende des Fastens tranken alle das Kykeon, ein Getränk aus Gerste und Frauenminze, das möglicherweise auch Extrakte aus dem Mutterkorn (LSD-Ausgangssubstanz) enthielt.
=> Das Fasten ist ein Symbol des Aufenthalts in der Unterwelt.

7. Tag: Am Morgen betraten alle die Tempelhalle Telesterion, die 52m x 52m groß war und deren Dach von 6 Reihen zu je 7 ionischen Säulen getragen wurde. Es hatte ein pyramidenförmiges Dach, das oben in der Mitte als Rauchabzug geöffnet werden konnte. In dieser Halle war ausreichend Platz für 7.000 Personen. Außen am Rand standen Bänke für die, die nur passiv teilnahmen. In der Mitte stand das dachlose Anaktoron („Palast") mit den heiligen Gegenständen. In diesem Allerheiligsten wurden während der Mysterien an diesem Tag den Einzuweihenden die heiligen Reliquien der Demeter gezeigt.

Die Vorgänge im Anaktoron begannen damit, daß der Hierophant einen Gong schlug, der einen Donner symbolisierte und die Göttin Persephone aus der Unterwelt zurückrufen sollte.
=> Dies entspricht der indogermanischen Mythologie des Donnergottes, der ursprünglich der im Herbst aus der Unterwelt zurückkehrende Wettergott war. Da diese Symbolik letztlich auf die Unterweltsreise des Vegetations- und Sonnengottes zurückgeht, entspricht der Donner hier der zurückkehrenden Persephone. An dieser Stelle wurde auch laut gerufen – vermutlich nach Persephone.

Im Anaktoron wurde nun ein so großes Feuer entfacht, das es durch den Abzug des Tempels hinaufleuchtete, sodaß man es sogar von außerhalb des Tempels sehen konnte.
=> Dies entspricht dem Feuer, in dem Demeter dem Triptolemos seine Unsterblichkeit gegeben hätte, wenn sie nicht von dessen Eltern dabei gestört worden wäre. Das Feuer ist wie die Fackeln der Persephone das Tor zur Unterwelt (die spätere Hölle wurde mit diesem Feuer identifiziert). Dieses Feuer findet sich bei den Druiden und auch im späteren christlichen Griechenland als Feuerlauf. Es entspricht auch dem Agni-Feuer in Indien sowie dem Phönix in Ägypten und dem Feuervogel der Slawen

Die Spannung wird zu diesem Zeitpunkt am größten gewesen sein. Aelius Aristides sagt dazu: „Eleusis ist zugleich das Schauerlichste und das Lichteste von allem, was den Menschen göttlich ist." Plutarch beschreibt die Mysterien ganz ähnlich: „Umherirren zuerst, ermüdende Umläufe, ängstliches Geschehen im Dunkeln, das kein Ziel findet; dann unmittelbar vor dem Ende all das Furchtbare, Schaudern, Zittern,

Schweiß und Staunen. "

Plutarchs Beschreibung beschreibt in bildhafter Weise auch sehr treffend die Vorgänge bei der Heilung eines Traumas – auch die Mysterien waren eine Methode der grundlegenden Heilung des Menschen …

Wenn der Hierophant schließlich das Tor des Anaktoron öffnete, rief er: *„Die Herrin (Demeter) hat ein heiliges Kind geboren, Brimo („die Starke") hat den Brimos („den Starken") geboren!"* Dabei zeigte der Hierophant eine Getreidegarbe.

Zu dieser Stelle gibt es ein Fragment aus einer Erzählung über Herakles, in der er, nachdem er nicht zu den Mysterien von Eleusis zugelassen wurde, zu dem Hierophanten sagt: *„Ich bin schon anderswo eingeweiht worden. Hierophant, schließe Eleusis zu – und Daduchos, lösche das Feuer aus! Ich bin schon in echtere Mysterien eingeweiht worden! Ich habe in das Feuer geschaut und ich habe Kore gesehen!"* Dies bezieht sich darauf, das Herakles bereits in der Unterwelt war, als er den Höllenhund Cerberus holte.

Daraus ergibt sich nebenher, daß Dionysos und Herakles beides Götter bzw. Halbgötter waren, die die erfolgreiche Reise ins Jenseits und zurück darstellten – Dionysos veranschaulicht vor allem die Ekstase und Herakles durch seine 12 Arbeiten vor allem die Schwierigkeiten auf dem Weg (der Sonne) durch die Unterwelt. Die zwölf Arbeiten entsprechen den zwölf Tierkreiszeichen, durch die die Sonne jedes Jahr läuft.

=> Das Kind (Brimos), das geboren wurde, war Persephone, die die wiedergeborene Demeter ist (Brimo) – in dieser Mythe wurde die Symbolik des Vegetationsgottes und des Wettergottes auf die Göttin selber übertragen. Die Unterweltsreise einer Göttin gibt es außerhalb der indogermanischen Mythologien nur noch bei der sumerischen Göttin Inanna. Demeter und Persephone wurden von den Griechen als dieselbe Göttin, einmal als Mädchen und einmal als Frau, angesehen.

Die Symbolik der Unterweltsreise zeigt sich auch in dem Kommentar von Pindar um 450 v.Chr.: *„Wohl ist der versehen, der unter Wissen Eleusinischer Weisheit in die Gruft steigt. Er kennt den Ausgang irischen Lebens und dessen gottverliehenen Wiederbeginn."* Diese Stelle könnt ein Hinweis darauf sein, daß in den Eleusinischen Mysterien wie von Pythagoras und Orpheus die Reinkarnation gelehrt wurde.

In dem Anaktoron stand ein „Kalathos" (offener Korb), in dem eine „Kiste" (Kiste) lag, in der sich wiederum das Allerheiligste befand.

=> Es gibt die Vermutung, daß es Ähren waren oder eine goldene Schlange, ein Ei oder ein Phallus – aber man weiß es nicht, weil der oder die Gegenstände eben geheim blieben. Die Ähren sind jedoch unwahrscheinlich, da der Hierophant bereits vorher in dem Ritual den Anwesenden eine handvoll Ähren gezeigt hatte.

Bei der Rückkehr aus dem Anaktoron (Allerheiligstes) in den Telesterion (große Halle) sprachen die Einzuweihenden: *„Ich habe gefastet, ich habe den Kykeon getrunken, ich habe es aus der Kiste genommen und nachdem ich es hatte, habe ich es wieder in den Kalathos zurückgelegt."*

Die Ereignisse und Handlungen im Anaktoron waren das größte Geheimnis der Mysterien. Auf ihrem Verrat stand die Todesstrafe. Diese geheimen Dinge wurden Apporheta („Unwiederholbares") genannt. Sie bestanden aus drei Dingen:

1. Dromena („Dinge, die getan werden") – vermutlich eine rituelle Darstellung der Jenseitsreise der Demeter, durch die auch der Einzuweihende ins Jenseits reiste;

2. Deiknumena („Dinge, die gezeigt werden") – Heilige Dinge, die von dem Hierophanten gezeigt wurden;

3. Legomena („Dinge, die gesagt werden") – Kommentare, die zu den Dingen, die gezeigt werden, von dem Hierophanten gesagt wurden.

8. Tag: Die Priesterinnen verkünden morgens im Telesterion ihre Visionen aus der letzten Nacht, die die „Heilige Nacht" genannt wurde.

Der Hierophant sang an diesem Tag zusammen mit dem Daduchos, dem zweithöchsten Priester von Eleusis, das Loblied der Demeter und ihrer Tochter Persephone. „Daduchos" („Fackelhalter") war auch der Beiname der Artemis und der Demeter, als diese in der Dunkelheit (Unterwelt) mit Fackeln nach ihrer Tochter Persephone suchte.

Am Abend und die ganze Nacht über wurde das Fest Pannychis mit Tanz und Fröhlichkeit gefeiert. Bei dem Tanz trugen die neu geweihten Männer wie Dionysos Mädchenkleider, die wohl ihre Identität mit Persephone, d.h. ihre Rückkehr aus der Unterwelt veranschaulichten. Der Tanzplatz waren die Rharischen Felder, die der erste Ort gewesen sein sollen, an dem Getreide angebaut wurde, nachdem Demeter dem Triptolemos den Ackerbau gezeigt hatte.

Gegen Morgen wurde ein Stier geopfert.

9. Tag: Die nun Eingeweihten spendeten den Toten ein Trankopfer aus besonderen Behältnissen.

10. Tag: Ende, Heimkehr.

Die Grundlage für diese Mysterien, die von 600 v.Chr. bis 500 n.Chr. durchgeführt wurden, war die Unterweltsreise der Demeter, die sie unternahm, um ihre Tochter Persephone/Kore zurückzuholen. Demeters Bruder Hades hatte sie im Einvernehmen mit Zeus entführt, weil er sie zur Frau haben wollte.

Auf der Suche nach ihr weihte Demeter den Knaben Triptolemos mit Feuer, d.h. sie hielt in in das Herdfeuer (Jenseitstor) des Palastes seiner Eltern und hätte ihm dadurch, wenn sie nicht durch Triptolemos' Eltern unterbrochen worden wäre, die Unsterblichkeit verliehen. Sie lehrte den Triptolemos auch den Ackerbau.

Um Zeus dazu zu zwingen, ihr zu helfen, ihre Tochter Persephone zurückzuerhalten, verursachte Demeter eine große Trockenheit, durch die die Menschen verhungerten. Da nun auch die Götter keine Opfer mehr erhielten und ihr Kult nicht mehr durchgeführt wurde, gab Zeus schließlich nach, sodaß Persephone zurückkehren konnte.

Da Persephone jedoch durch eine List des Hades einige Granatapfelkerne gegessen hatte, mußte sie ein Drittel des Jahres in der Unterwelt verbringen – so entstanden die Jahreszeiten. Persephones kehrte im Herbst zu dem Zeitpunkt in die Unterwelt zurück, an dem auch die Mysterien von Eleusis stattfanden. Dieser Zeitpunkt paßt zu der alten Vorstellung, daß der Wettergott nach dem trockenen Sommer zu diesem Zeitpunkt das Wasser, d.h. den Regen wieder von der Regenräuberschlange zurückgeholt hat. Nach den ersten Regenfällen wurde dann ausgesät.

Die Rückkehr der Demeter und der Persephone fand vermutlich (mythologisch gesehen) in der Nacht zum 8. Tag der Mysterien statt, an dessen Morgen die Priesterinnen ihre Visionen berichteten und anschließen der Hierophant und der Daduchos die Loblieder für Demeter und Persephone sangen. Das anschließende Fest war auch ein Freudenfest über die Rückkehr der Demeter und der Persephone aus der Unterwelt.

Die Vorstellung, daß die Götter von den Opfergaben der Menschen abhingen, findet sich u.a. auch bei den Sumerern und den Kelten.

Die Vorgänge bei den Mysterien müssen sehr effektiv gewesen sein, da diese Mysterien ca. 1.100 Jahre lang gefeiert wurden. Sie standen in hohem Ansehen. So sagt z.B. Plato über sie: *„Der letztliche Zweck der Mysterien ... war es, uns zu den Prinzipien zurückzuführen, aus denen heraus wie entstanden sind ... eine vollkommene Freude über das spirituelle Gute in uns."*

Auch der römische Redner Cicero lobte die Mysterien von Eleusis: *„Denn unter den vielen vorzüglichen, ja göttlichen Einrichtungen, die euer Athen hervorgebracht und mit denen ihr das menschliche Leben bereichert habt, ist meiner Meinung nach nichts besser als diese Mysterien. Denn mit ihrer Hilfe sind wir aus der Barbarei und dem rohen Lebensstil heraus und hin zu einer gebildeten und verfeinerten Kultur gebracht worden; und die Riten werden zu Recht 'Einweihungen' genannt, denn wahrhaftig: durch sie haben wir den Beginn des Lebens erfahren, und durch sie haben wir nicht nur die Kraft erlangt, glücklicher zu leben, sondern auch mit mehr Hoffnung zu sterben."* Dieser Kommentar zeigt deutlich, daß es in den Mysterien zu einem großen Teil um die Erkenntnis der eigenen Seele und um ihr Schicksal nach dem Tod ging – und daß dieses in den Mysterien erkannte Schicksal der Seele den Eingeweihten neue Hoffnung gab.

Bücher von Harry Eilenstein

„für Anfänger"

- Telepathie für Anfänger (60 S.)
- Telepathie für Fortgeschrittene (52 S.)
- Telekinese für Anfänger (52 S.)
- Lebenskraft für Anfänger (60 S.)
- Meditation für Anfänger (56 S.)
- Hypnose für Anfänger (56 S.)
- Auto-Movement für Anfänger (56 S.)
- Ritual-Magie für Anfänger (56 S.)
- Mandalas für Anfänger (68 S.)
- Geldzauber für Anfänger (56 S.)
- Liebeszauber für Anfänger (52 S.)
- Evokationen für Anfänger (60 S.)
- Elfen für Anfänger (56 S.)

Astrologie

- Astrologie (496 S.)
- Photo-Astrologie (428 S.)
- Die astrologischen Aspekte (88 S.)
- Horoskop und Seele (120 S.)

Magie

- Handbuch für Zauberlehrlinge (408 S.)
- Tarot (104 S.)
- Physik und Magie (184 S.)
- Die Magie-Formel (156 S.)
- Krafttiere – Tiergöttinnen – Tiertänze (112 S.)
- Schwitzhütten (524 S.)

Meditation

- Der Lebenskraftkörper (230 S.)
- Die Chakren (100 S.)
- Das Chakren-System mit den Nebenchakren (296 S.)
- Meditation (140 S.)
- Drachenfeuer (124 S.)
- Reinkarnation (156 S.)
- einsgerichtet (140 S.)

Kabbala

- Kursus der praktischen Kabbala (150 S.)
- Eltern der Erde (450 S.)
- Blüten des Lebensbaumes:
    - Die Struktur des kabbalistischen Lebensbaumes (370 S.)
    - Der kabbalistische Lebensbaum als Forschungshilfsmittel (580 S.)
- Der kabbalistische Lebensbaum als spirituelle Landkarte (520 S.)

Religion allgemein

- Die sieben Schritte des Lebens (428 S.)
- Muttergöttin und Schamanen (168 S.)
- Göbekli Tepe (472 S.)
- Totempfähle (440 S.)
- Christus (60 S.)
- Dakini (80 S.)
- Vajra (76 S.)

Ägypten

- Hathor und Re 1: Götter und Mythen im Alten Ägypten (432 S.)
- Hathor und Re 2: Die altägyptische Religion – Ursprünge, Kult und Magie (396 S.)
- Isis (508 S.)

Indogermanen

- Die Entwicklung der indogermanischen Religionen (700 S.)
- Wurzeln und Zweige der indogermanischen Religion (224 S.)

Germanen

- Die Götter der Germanen (87 Bände)
- Odin (300 S.)

Kelten

- Cernunnos (690 S.)
- Der Kessel von Gundestrup (220 S.)
- Der Chiemsee-Kessel (76)

Psychologie

- Über die Freude (100 S.)
- Das Geheimnis des inneren Friedens (252 S.)
- Das Beziehungsmandala (52 S.)
- Gefühle und ihre Verwandlungen (404 S.)
- einsgerichtet (140 S.)
- Liebe und Eigenständigkeit (216 S.)
- Von innerer Fülle zu äußerem Gedeihen (52 S.)
- Die Symbolik der Krankheiten (76 S.)

Kunst

- Herz des Tanzes – Tanz des Herzens (160 S.)

Drama

- König Athelstan (104 S.)

Die Themen der 87 Bände der Reihe „Die Götter der Germanen"

1. Die Entwicklung der germanischen Religion
2. Lexikon der germanischen Religion
3. Der ursprüngliche Göttervater Tyr
4. Tyr in der Unterwelt: der Schmied Wieland
5. Tyr in der Unterwelt: der Riesenkönig Teil 1
6. Tyr in der Unterwelt: der Riesenkönig Teil 2
7. Tyr in der Unterwelt: der Zwergenkönig
8. Der Himmelswächter Heimdall
9. Der Sommergott Baldur
10. Der Meeresgott: Ägir, Hler und Njörd
11. Der Eibengott Ullr
12. Die Zwillingsgötter Alcis
13. Der neue Göttervater Odin Teil 1
14. Der neue Göttervater Odin Teil 2
15. Der Fruchtbarkeitsgott Freyr
16. Der Chaos-Gott Loki
17. Der Donnergott Thor
18. Der Priestergott Hönir
19. Die Göttersöhne
20. Die unbekannteren Götter
21. Die Göttermutter Frigg
22. Die Liebesgöttin: Freya und Menglöd
23. Die Erdgöttinnen
24. Die Korngöttin Sif
25. Die Apfel-Göttin Idun
26. Die Hügelgrab-Jenseitsgöttin Hel
27. Die Meeres-Jenseitsgöttin Ran
28. Die unbekannteren Jenseitsgöttinnen
29. Die unbekannteren Göttinnen
30. Die Nornen
31. Die Walküren
32. Die Zwerge
33. Der Urriese Ymir
34. Die Riesen
35. Die Riesinnen
36. Mythologische Wesen
37. Mythologische Priester und Priesterinnen
38. Sigurd/Siegfried
39. Helden und Göttersöhne
40. Die Symbolik der Vögel und Insekten
41. Die Symbolik der Schlangen, Drachen und Ungeheuer
42.a Die Symbolik der Herdentiere I
42.b Die Symbolik der Herdentiere II
43. Die Symbolik der Raubtiere
44. Die Symbolik der Wassertiere und sonstigen Tiere
45. Die Symbolik der Pflanzen
46. Die Symbolik der Farben
47. Die Symbolik der Zahlen
48. Die Symbolik von Sonne, Mond und Sternen
49.a Das Jenseits I – Das Hügelgrab
49.b Das Jenseits II – Der Jenseitsweg
50. Seelenvogel, Utiseta und Einweihung
51. Wiederzeugung und Wiedergeburt
52. Elemente der Kosmologie
53. Der Weltenbaum
54. Die Symbolik der Himmelsrichtungen und der Jahreszeiten
55.a Mythologische Motive I
55.b Mythologische Motive II
56. Der Tempel
57. Die Einrichtung des Tempels
58. Priesterin – Seherin – Zauberin – Hexe
59. Priester – Seher – Zauberer
60. Rituelle Kleidung und Schmuck
61. Skalden und Skaldinnen
62 Kriegerinnen und Ekstase-Krieger
63. Die Symbolik der Körperteile
64.a Magie und Ritual I
64.b Magie und Ritual II
64.c Magie und Ritual III
65. Gestaltwandlungen
66.a Magische Angriffs-Waffen
66.b Magische Verteidigungs-Waffen
67. Magische Werkzeuge und Gegenstände
68. Zaubersprüche
69. Göttermet
70. Zaubertränke
71. Träume, Omen und Orakel
72. Runen
73. Sozial-religiöse Rituale
74. Weisheiten und Sprichworte
75. Kenningar
76. Rätsel
77. Die vollständige Edda des Snorri Sturluson
78. Frühe Skaldenlieder
79.a Mythologische Sagas I
79.b Mythologische Sagas II
80. Hymnen an die germanischen Götter